ITC 국제토셀위원회

TOSEL
유형분석집

STARTER

Section I.
Listening & Speaking

1

영어를 시작하는 단계

2

영어의 밑바탕을
다지는 단계

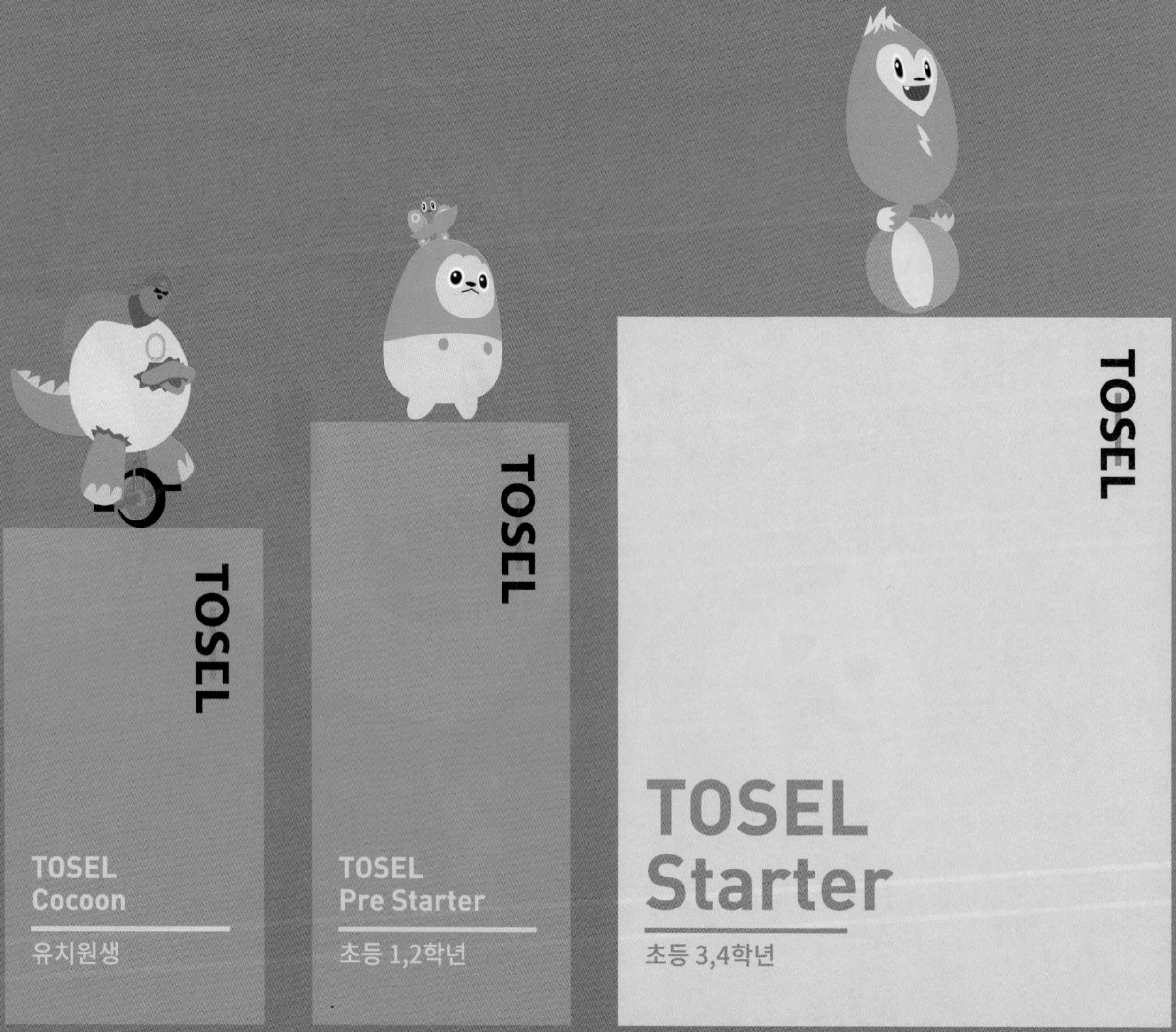

3

영어의 도약단계

4

영어의 실전단계

5

영어의 고급화 단계

6

영어의 완성단계

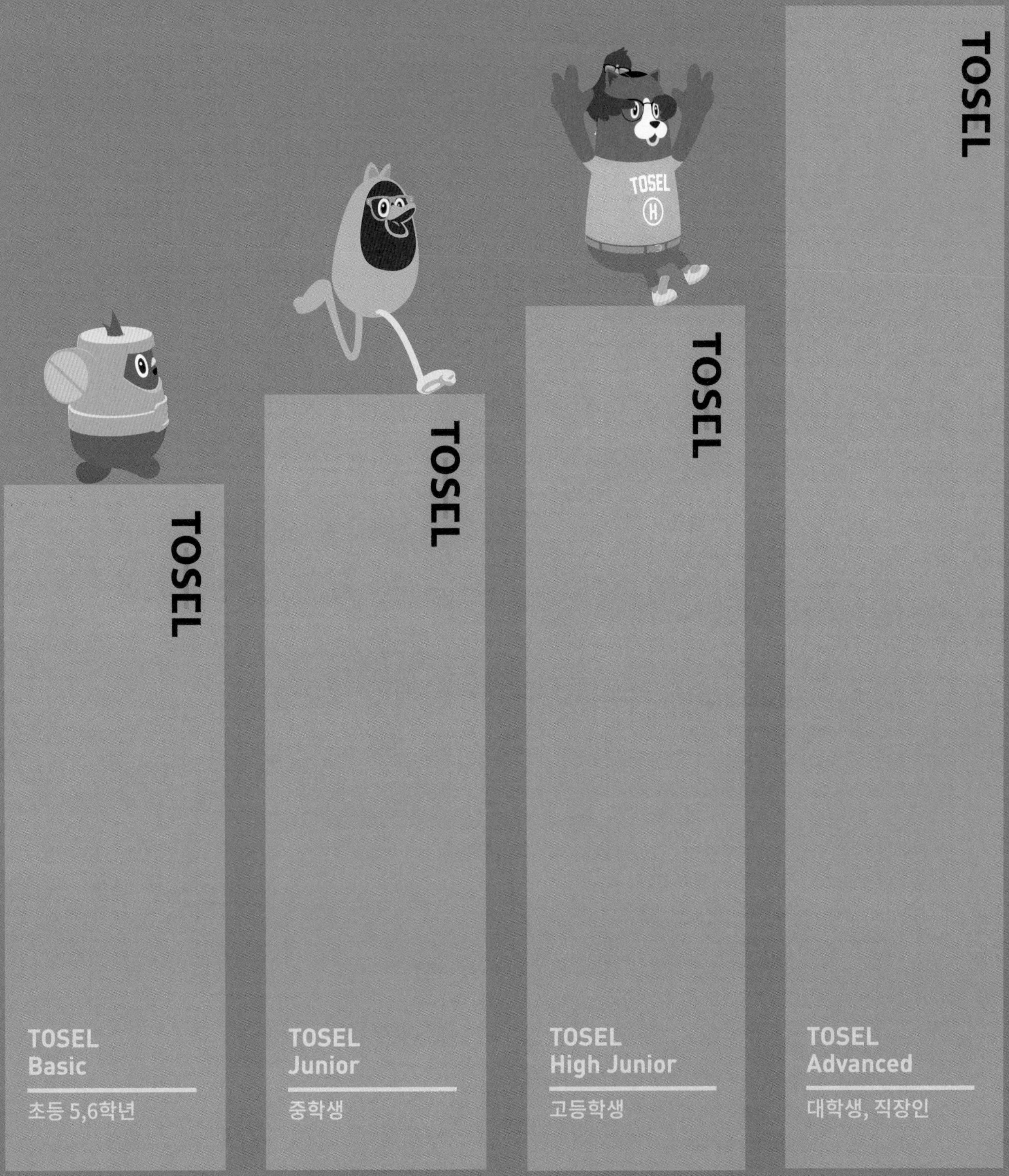

About TOSEL® — TOSEL에 대하여

TOSEL은 각급 학교 교과과정과 연령별 인지단계를 고려하여 단계별 난이도와 문항으로
영어 숙달 정도를 측정하는 영어 사용자 중심의 맞춤식 영어능력인증 시험제도입니다.
평가유형에 따른 개인별 장점과 단점을 파악하고, 개인별 영어학습 방향을 제시하는 성적분석자료를 제공하여
영어능력 종합검진 서비스를 제공함으로써 영어 사용자인 소비자와
영어능력 평가를 토대로 영어교육을 담당하는 교사 및 기관 인사관리자인 공급자를
모두 만족시키는 영어능력인증 평가입니다.

TOSEL은 인지적-학문적 언어 사용의 유창성 (Cognitive-Academic Language Proficiency, CALP)과
기본적-개인적 의사소통능력 (Basic Interpersonal Communication Skill, BICS)을
엄밀히 구분하여 수험자의 언어능력을 가장 친밀하게 평가하는 시험입니다.

대상	목적	용도
유아, 초, 중, 고등학생, 대학생 및 직장인 등 성인	한국인의 영어구사능력 증진과 비영어권 국가의 영어 사용자의 영어구사능력 증진	실질적인 영어구사능력 평가 + 입학전형 및 인재선발 등에 활용 및 직무역량별 인재 배치

연혁

2002.02	국제토셀위원회 창설 (수능출제위원역임 전국대학 영어전공교수진 중심)
2004.09	TOSEL 고려대학교 국제어학원 공동인증시험 실시
2006.04	EBS 한국교육방송공사 주관기관 참여
2006.05	민족사관고등학교 입학전형에 반영
2008.12	고려대학교 편입학시험 TOSEL 유형으로 대체
2009.01	서울시 공무원 근무평정에 TOSEL 점수 가산점 부여
2009.01	전국 대부분 외고, 자사고 입학전형에 TOSEL 반영 (한영외국어고등학교, 한일고등학교, 고양외국어고등학교, 과천외국어고등학교, 김포외국어고등학교, 명지외국어고등학교, 부산국제외국어고등학교, 부일외국어 고등학교, 성남외국어고등학교, 인천외국어고등학교, 전북외국어고등학교, 대전외국어고등학교, 청주외국어고등학교, 강원외국어고등학교, 전남외국어고등학교)
2009.12	청심국제중・고등학교 입학전형 TOSEL 반영
2009.12	한국외국어교육학회, 팬코리아영어교육학회, 한국음성학회, 한국응용언어학회 TOSEL 인증
2010.03	고려대학교, TOSEL 출제기관 및 공동 인증기관으로 참여
2010.07	경찰청 공무원 임용 TOSEL 성적 가산점 부여
2014.04	전국 200개 초등학교 단체 응시 실시
2017.03	중앙일보 주관기관 참여
2018.11	관공서, 대기업 등 100여 개 기관에서 TOSEL 반영
2019.06	미얀마 TOSEL 도입 발족식 베트남 TOSEL 도입 협약식
2019.11	고려대학교 편입학전형 반영
2020.04	국토교통부 국가자격시험 TOSEL 반영
2021.07	소방청 간부후보생 선발시험 TOSEL 반영

About TOSEL® TOSEL에 대하여

What's TOSEL?

"Test of Skills in the English Language"

TOSEL은 비영어권 국가의 영어 사용자를 대상으로 영어구사능력을 측정하여 그 결과를 공식 인증하는 영어능력인증 시험제도입니다.

영어 사용자 중심의 맞춤식 영어능력 인증 시험제도

맞춤식 평가

**획일적인 평가에서
세분화된 평가로의 전환**

TOSEL은 응시자의 연령별 인지단계에 따라 별도의 문항과 난이도를 적용하여 평가함으로써 평가의 목적과 용도에 적합한 평가 시스템을 구축하였습니다.

공정성과 신뢰성 확보

국제토셀위원회의 역할

TOSEL은 고려대학교가 출제 및 인증기관으로 참여하였고 대학입학수학능력시험 출제위원 교수들이 중심이 된 국제토셀위원회가 주관하여 사회적 공정성과 신뢰성을 확보한 평가 제도입니다.

수입대체 효과

외화유출 차단 및 국위선양

TOSEL은 해외시험응시로 인한 외화의 유출을 막는 수입대체의 효과를 기대할 수 있습니다. TOSEL의 문항과 시험제도는 비영어권 국가에 수출하여 국위선양에 기여하고 있습니다.

Why TOSEL®

왜 TOSEL인가

01 학교 시험 폐지

일선 학교에서 중간, 기말고사 폐지로 인해 객관적인 영어 평가 제도의 부재가 우려됩니다. 그러나 전국단위로 연간 4번 시행되는 TOSEL 평가시험을 통해 학생들은 정확한 역량과 체계적인 학습방향을 꾸준히 진단받을 수 있습니다.

02 연령별/단계별 대비로 영어학습 점검

TOSEL은 응시자의 연령별 인지단계 및 영어 학습 단계에 따라 총 7단계로 구성되었습니다. 각 단계에 알맞은 문항유형과 난이도를 적용해 모든 연령 및 학습 과정에 맞추어 가장 효율적으로 영어실력을 평가할 수 있도록 개발된 영어시험입니다.

03 학교내신성적 향상

TOSEL은 학년별 교과과정과 연계하여 학교에서 배우는 내용을 학습하고 평가할 수 있도록 문항 및 주제를 구성하여 내신영어 향상을 위한 최적의 솔루션을 제공합니다.

04 수능대비 직결

유아, 초, 중등시절 어렵지 않고 즐겁게 학습해 온 영어이지만, 수능시험준비를 위해 접하는 영어의 문항 및 유형 난이도에 주춤하게 됩니다. 이를 대비하기 위해 TOSEL은 유아부터 성인까지 점진적인 학습을 통해 수능대비를 자연적으로 해나갈 수 있습니다.

05 진학과 취업에 대비한 필수 스펙관리

개인별 '학업성취기록부' 발급을 통해 영어학업성취이력을 꾸준히 기록한 영어학습 포트폴리오를 제공하여 영어학습 이력을 관리할 수 있습니다.

06 자기소개서에 토셀 기재

개별적인 진로 적성 Report를 제공하여 진로를 파악하고 자기소개서 작성 시 적극적으로 활용할 수 있는 객관적인 자료를 제공합니다.

07 영어학습 동기부여

시험실시 후 응시자 모두에게 수여되는 인증서는 영어학습에 대한 자신감과 성취감을 고취시키고 동기를 부여합니다.

08 AI 분석 영어학습 솔루션

국내외 15,000여 개 학교·학원 단체 응시인원 중 엄선한 100만 명 이상의 실제 TOSEL 성적 데이터를 기반으로 영어인증시험 제도 중 세계 최초로 인공지능이 분석한 개인별 AI 정밀 진단 성적표를 제공합니다. 최첨단 AI 정밀진단 성적표는 최적의 영어 학습 솔루션을 제시하여 영어 학습에 소요되는 시간과 노력을 획기적으로 절감해줍니다.

09 명예의 전당, 우수협력기관 지정

우수교육기관은 'TOSEL 우수 협력 기관'에 지정되고, 각 시/도별, 최고득점자를 명예의 전당에 등재합니다.

Evaluation —— 평가

평가의 기본원칙

TOSEL은 PBT(Paper Based Test)를 통하여 간접평가와 직접평가를 모두 시행합니다.

TOSEL은 언어의 네 가지 요소인 **읽기, 듣기, 말하기, 쓰기 영역을 모두 평가합니다.**

Reading 읽기	모든 레벨의 읽기 영역은 직접 평가 방식으로 측정합니다.
Listening 듣기	모든 레벨의 듣기 영역은 직접 평가 방식으로 측정합니다.
Writing 쓰기	모든 레벨의 쓰기 영역은 간접 평가 방식으로 측정합니다.
Speaking 말하기	모든 레벨의 말하기 영역은 간접 평가 방식으로 측정합니다.

TOSEL은 연령별 인지단계를 고려하여 **아래와 같이 7단계로 나누어 평가합니다.**

1 단계	TOSEL® COCOON	5~7세의 미취학 아동
2 단계	TOSEL® Pre-STARTER	초등학교 1~2학년
3 단계	TOSEL® STARTER	초등학교 3~4학년
4 단계	TOSEL® BASIC	초등학교 5~6학년
5 단계	TOSEL® JUNIOR	중학생
6 단계	TOSEL® HIGH JUNIOR	고등학생
7 단계	TOSEL® ADVANCED	대학생 및 성인

Grade Report ——— 성적표 및 인증서

영어능력 학업성취기록부

Name in full : 나토셀　　Date of birth : 2000-03-09

응시회차	날짜	응시레벨	인증취득사항
토셀 제 53회 정기시험	2016-08-20	HIGH JUNIOR	1등급
토셀 제 46회 정기시험	2015-02-28	JUNIOR	1등급
토셀 제 43회 정기시험	2014-06-28	JUNIOR	3등급
토셀 제 39회 정기시험	2013-08-24	BASIC	3등급

국제토셀위원회는 나토셀(NAH TO SEL) 학생의 학업성취기록을 상기와 같이 인증합니다.

International TOSEL Committee
국제토셀위원회

국제토셀위원회 직인이 날인되지 않은 인증서는 공인 인증서로의 효력이 없으며, 인증유효기간은 응시일로부터 2년입니다.

'학업성취기록부'에 토셀 인증등급 기재

개인별 **'학업성취기록부' 평생 발급**
진학과 취업을 대비한 **필수 스펙관리**

명예의 전당(트로피&상패)

명예의 전당 등재자를 위한 명예의 상품입니다. (별도 구매)

명예의 전당 홈페이지

홈페이지에서 각 시,도 별 명예의 전당 등재자를 확인하실 수 있습니다.

명예의 전당(증명서)

명예의 전당 등재자를 위한 등재 증명서입니다.
(홈페이지 무료 출력 가능, 액자 포함 유료구매)

'토셀 명예의 전당' 등재

특별시, 광역시, 도 별 **1등 선발**
(7개시 9개도 **1등 선발**)

*홈페이지 로그인 - 시험결과 - 명예의 전당에서 해당자 등재 증명서 출력 가능

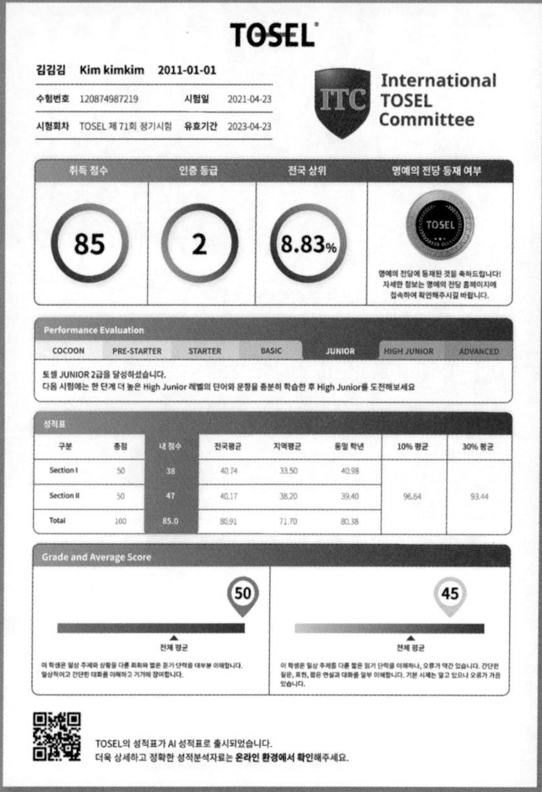

TOSEL®

김김김 Kim kimkim 2011-01-01

수험번호 120874987219 시험일 2021-04-23

시험회차 TOSEL 제 71회 정기시험 유효기간 2023-04-23

International TOSEL Committee

취득 점수	인증 등급	전국 상위	명예의 전당 등재 여부
85	2	8.83%	명예의 전당에 등재된 것을 축하드립니다! 자세한 정보는 명예의 전당 홈페이지에 접속하여 확인해주시길 바랍니다.

Performance Evaluation

COCOON | PRE-STARTER | STARTER | BASIC | JUNIOR | HIGH JUNIOR | ADVANCED

토셀 JUNIOR 2급을 달성하셨습니다.
다음 시험에는 한 단계 더 높은 High Junior 레벨의 단어와 문형을 충분히 학습한 후 High Junior를 도전해보세요

성적표

구분	총점	내 점수	전국평균	지역평균	동일 학년	10% 평균	30% 평균
Section I	50	38	40.74	33.50	40.98	96.64	93.44
Section II	50	47	40.17	38.20	39.40		
Total	100	85.0	80.91	71.70	80.38		

Grade and Average Score

50 / 전체 평균

이 학생은 일상 주제와 상황을 다룬 회화와 짧은 듣기 단락을 대부분 이해합니다. 일상적이고 간단한 대화를 이해하고 거기에 참여합니다.

45 / 전체 평균

이 학생은 일상 주제를 다룬 짧은 읽기 단락을 이해하나, 오류가 약간 있습니다. 간단한 질문, 표현, 짧은 연설과 대화를 일부 이해합니다. 기본 시제는 알고 있으나 오류가 가끔 있습니다.

TOSEL의 성적표가 AI 성적표로 출시되었습니다.
더욱 상세하고 정확한 성적분석자료는 **온라인 환경에서 확인**해주세요.

개인 AI 정밀진단 성적표

십 수년간 전국단위 정기시험으로 축적된 빅데이터를 교육공학적으로 분석 · 활용하여 산출한 개인별 성적자료

- 정확한 영어능력진단
- 응시지역, 동일학년, 전국에서의 학생의 위치
- 섹션별 · 파트별 영어능력 및 균형 진단
- 명예의 전당 등재 여부
- 온라인 최적화된 개인별 상세 성적자료를 위한 QR코드

인증서

대한민국 초,중,고등학생의 영어숙달능력 평가 결과 공식인증

고려대학교 인증획득 (2010. 03) 팬코리아영어교육학회 인증획득 (2009. 10) 한국응용언어학회 인증획득 (2009. 11) 한국외국어교육학회 인증획득 (2009. 12) 한국음성학회 인증획득 (2009. 12)

Grade Report ——— 성적표 및 인증서

단체 및 기관 응시자 AI 통계 분석 자료

십 수년간 전국단위 정기시험으로 **축적된 빅데이터를 교육공학적으로 분석 · 활용**하여 산출한 응시자 통계 분석 자료

정확한 영어능력진단 / 응시지역, 동일학년, 전국에서의 학생의 위치 / 섹션별 · 파트별 영어능력 및 균형 진단 / 명예의 전당 등재 여부 / 온라인 최적화된 개인별 상세 성적자료를 위한 QR코드

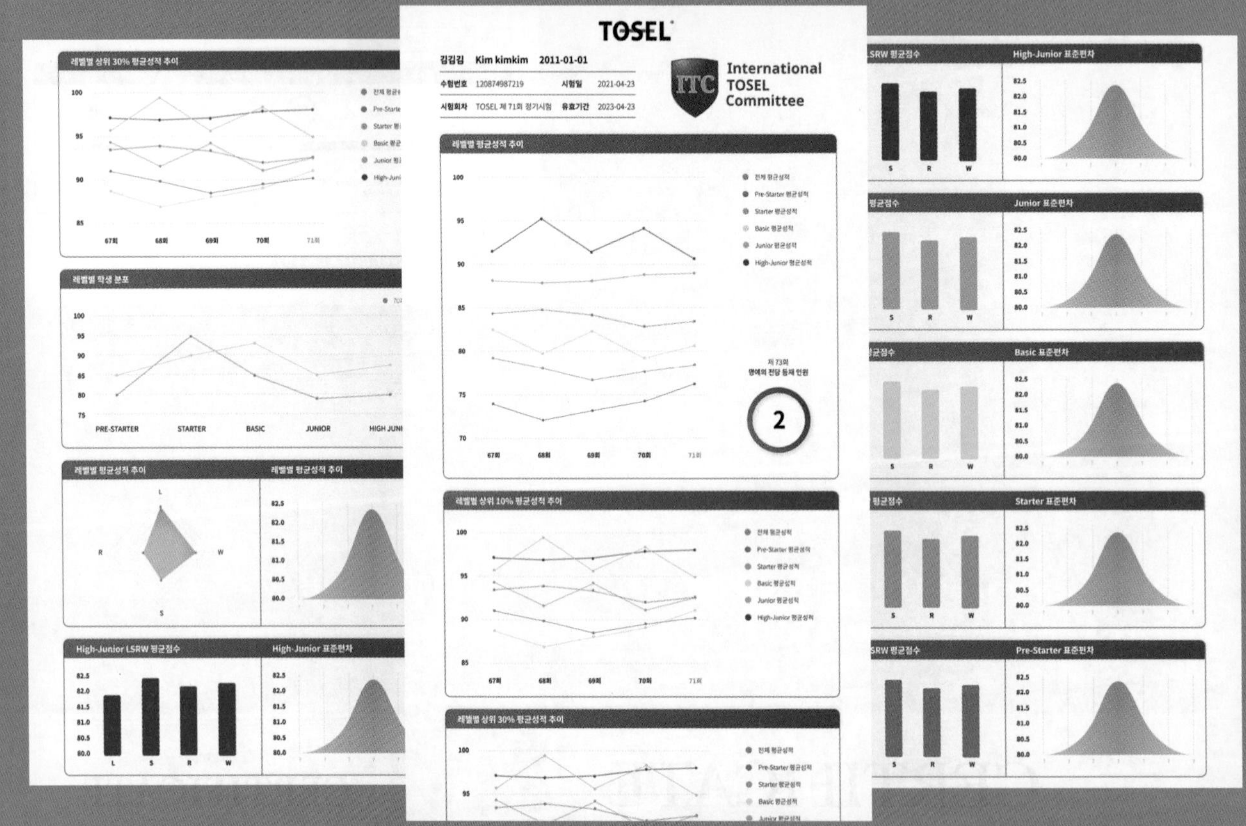

"**성적표**로 **나의 약점**을 파악하고, **유형분석집**으로 **보완해요!**"

성적표 연계 유형분석집 200% 활용 팁

TOSEL은 1년에 4회 전국적으로 치뤄지는 정기시험을 통해 전국 15,000여개 교육기관의 실제 토셀 성적 데이터를 기반으로 국제토셀위원회, 고려대학교 언어정보연구소, 한국데이터산업진흥원, 과학기술정보통신부와 정보통신산업진흥원이 지원하는 빅데이터 및 AI 지원사업을 통해 개발한 AI 정밀 진단 성적표를 제공하고 있습니다. AI 정밀 진단 성적표의 시험 성적 결과뿐만 아니라 응시자에게 학습 방향을 제시하는 맞춤형 분석 결과를 통해 유형 분석집을 200% 활용할 수 있는 방법을 소개합니다.

상위권 도약을 원하는 학생들을 위한 **자주 틀리는 유형의 소개 및 문제 풀이 전략**과 **공부방법**을 제시

최상위권 도약을 원하는 학생들을 위해 **해당 시험에서 출제되지 않은 유형 소개**

유형분석집을 통해 부족한 유형들을 집중적으로 공부

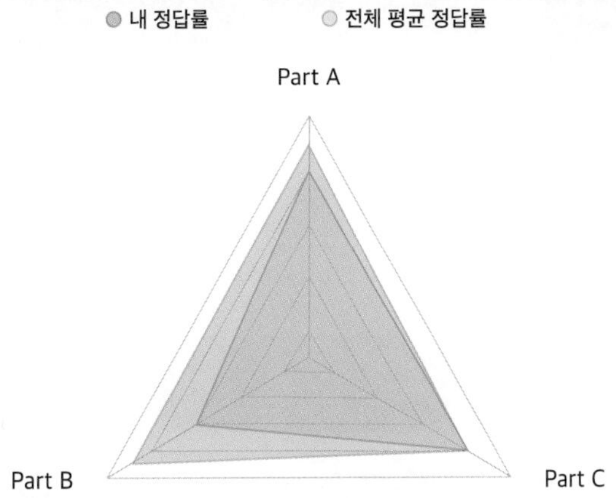

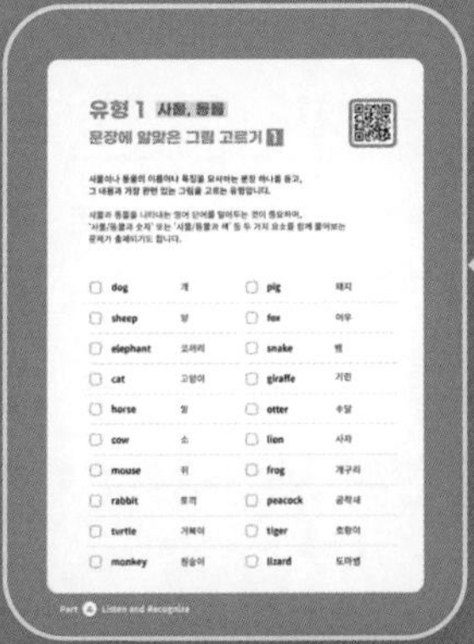

PART A. Listen and Recognize

문장을 듣고, **정확한 의미를 파악**하여
가장 관련 있는 그림을 고르는 파트입니다.

PART B. Listen and Respond

문장을 듣고, **화자가 하는 말의 핵심을 파악**하여
다음에 이어질 알맞은 대답을 고르는 파트입니다.

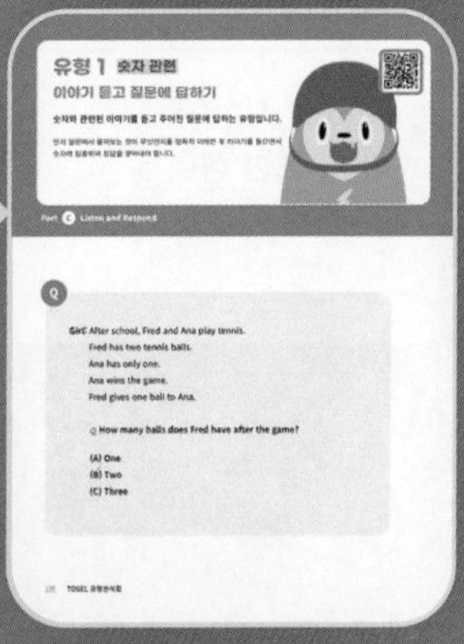

PART C. Listen and Retell

두 사람의 대화 또는 짧은 이야기를 듣고,
내용을 바르게 이해하여 **주어진 문제에**
알맞은 응답을 고르는 파트입니다.

About this book

책 구조 한 눈에 보기

본 교재는 최근의 TOSEL 시험을 구성별로 차례차례 소개하는 **지침서**이며,
학습자들이 시험 유형을 **부담 없이** 숙지하고 습득하도록 교재를 다음과 같이 깔끔하게 구성했습니다.

Study Plan

4주 Plan 단기 집중 공략
8주 Plan 기초부터 실전까지 단계별로 정복

Overview

각 파트 시험 소개 및 학습 전략

Voca

해당 유형의 주요 단어 소개

Example

실전보다 약간 쉽거나 축약된 형태의 문제로 TOSEL 시험 맛보기

Pattern Practice

실전보다 약간 쉽거나 축약된 형태의 문제로 TOSEL 시험 맛보기

Practice Test

실제 시험과 동일한 형태와 수준의 문제로 실전 연습하기

Appendix

TOSEL 시험에 나오는 어휘, 표현 정리

정답과 해설

practice test 속 문제 단어와 문제의 포인트를 잡는 명쾌한 해설

About this book

유형 분류 기준

유형분석집은 국내외 15,000여 개 학교·학원 단체응시인원 중 엄선한 100만 명 이상의 실제 응시 데이터를 기반으로 한 속성 분석 프로그램을 이용하여, 문제 유형을 분류한 것을 바탕으로 집필되었습니다.

01 파트별 유형 설명

TOSEL Starter 시험의 듣기와 말하기 Section에는 **총 3개의 유형**으로 나뉘어 있습니다.
각 파트별 단원이 시작하기 전에 각기 어떤 문항이 출제되는지, 어떤 종류의 유형이 있는지,
총 몇 개의 문항으로 구성되는지 등 파트별 유형 설명을 한눈에 알아보기 쉽게 정리하였습니다.

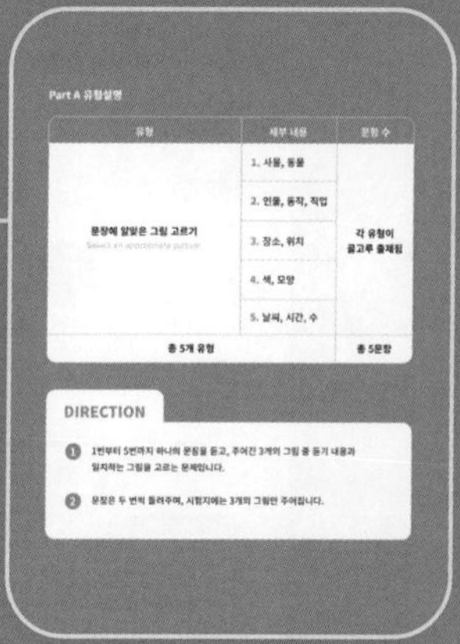

02 파트별 학습 전략

각 파트는 세부 유형으로 나누어 학습합니다. 본격적인 유형 학습에 들어가기에 앞서 **각 파트별 알짜 학습 전략**을 친절하게 알려줍니다. 문항을 풀 때 **문항 접근 방식 및 풀이 전략, 유형별 학습 방법** 등 학습 전략을 참고하여 심도 있고 수준 높은 영어 학습을 하기 바랍니다.

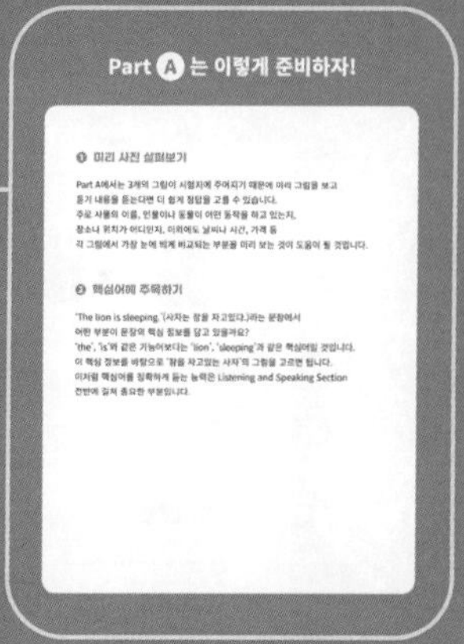

03 유형별 핵심 단어

수월하게 문제를 풀고 이해할 수 있도록 각 파트 시작 전, **핵심 단어를 제시**했습니다.
본격적인 학습을 하기전에 단어를 암기하기 바랍니다.

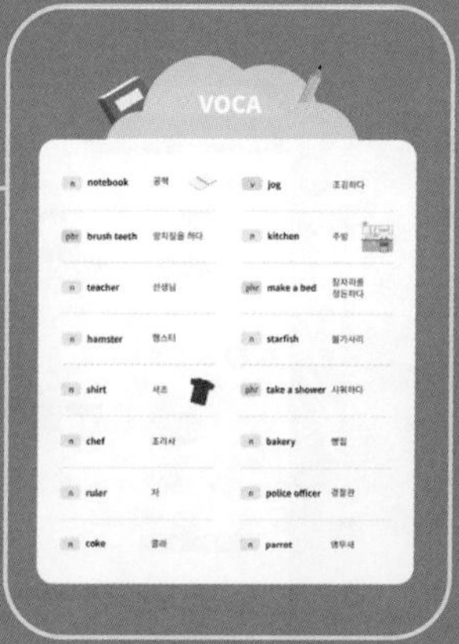

About this book

04 3단계 유형 학습

각 파트는 **세부 유형**으로 구분됩니다. 각 유형 학습은 세 단계로 나누어 학습하도록 구성하였습니다.
1단계부터 3단계까지 차근차근 학습하다 보면 자연스레 유형을 습득할 수 있도록 구성하였습니다. 세 단계는 다음과 같습니다.

Step 1. Example

유형을 처음 익히는 단계이며, 유형마다 대표 예제가 한 문제씩 제시됩니다.
학습자는 대표 예제를 해석, 풀이, 어휘와 함께 보면서 해당 유형의 문제 형태를 익힐 수 있습니다.

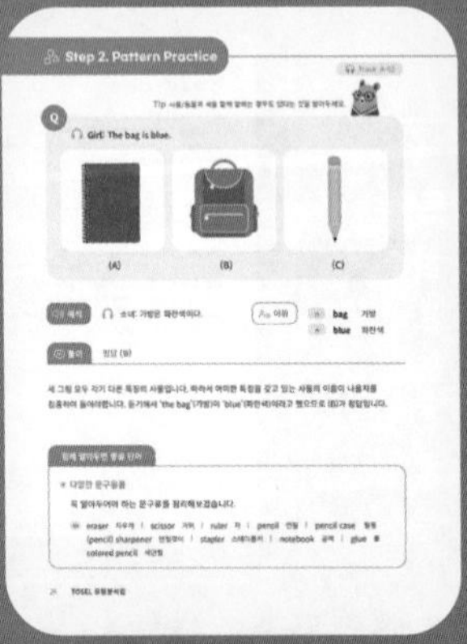

Step 2. Pattern Practice

유형과 친해지는 중간 단계이며, 각 유형마다 두 문항 정도가 출제됩니다.
본격적으로 학생들이 스스로 문제를 풀고, 문항 바로 다음에 해석과 해설을 꼼꼼히 수록하여 바로 정답을 확인할 수 있도록 하였습니다.
Step1 에서 제시한 예제와 같은 패턴의 문제를 연습 하는 것이 주목적입니다.

Step 3. Practice Test

유형을 완벽히 습득하는 마지막 단계이며, 각 유형마다 네 문항이 수록됩니다.
해석과 해설은 본문이 아닌, 별책인 정답 및 해설지에 따로 제공됩니다.
학생들이 스스로 실제 문항을 풀어 보며 유형을 완전히 숙지하는 단계입니다.

About this book

05 Appendix

Appendix에는 유형분석집에서 제시하고 있는 모든 단어를 알파벳 순으로 정리하여 제시하고 있습니다.

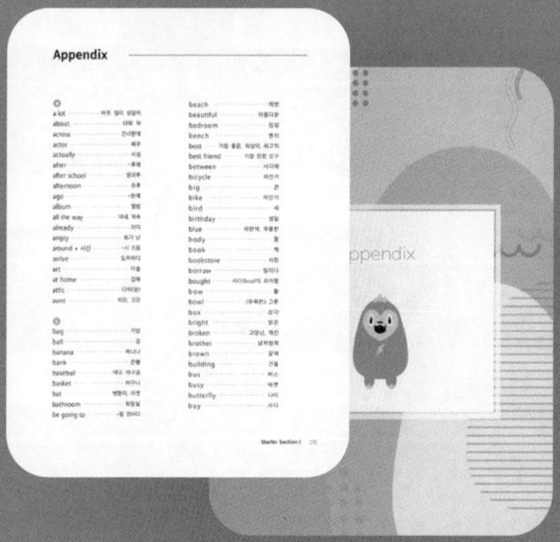

Appendix

단어들을 쉽게 찾고 공부할 수 있도록
유형분석집에 제시된 단어들을 알파벳 순으로 정리하여
제공하고 있습니다.

06 Answer

각 유형 Practice Test 단계에서 출제된 **문항의 해석과 해설이 수록**되어 있어 문제 풀이 후 자신의 학습 결과를 확인하고 복습할 수 있습니다.

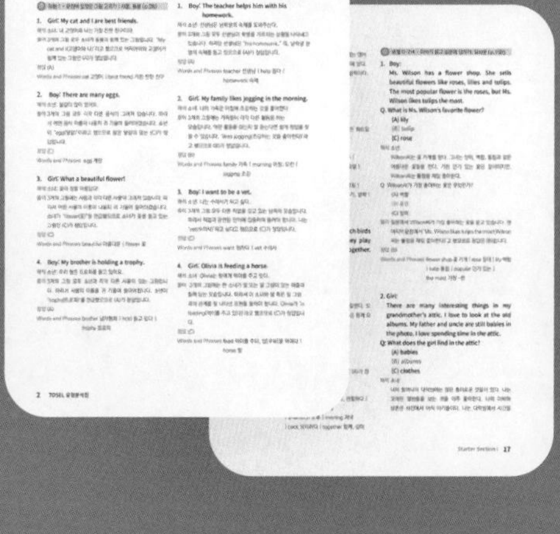

Answer

학생들이 스스로 문항을 풀어보는
Practice Test 단계의 문제 풀이 후 오답 여부를 확인할 수 있도록
문항에 대한 해석과 해설이 수록되어 있습니다.

Weekly Study Plan

4-WEEK Plan 단기간 안에 점수가 필요한 학습자를 위한 플랜

	Day 1	Day 2	Day 3	Day 4	Day 5
Week 1	Part A: 1 월 일	Part A: 2 월 일	Part A: 3 월 일	Part A: 4 월 일	Part A: 5 월 일
Week 2	Part B: 1 월 일	Part B: 2 월 일	Part B: 3 월 일	Part B: 4 월 일	Part B: 5 월 일
Week 3	Part B: 6 월 일	Part B: 7 월 일	Part B: 8 월 일	Part C-1: 1 월 일	Part C-1: 2 월 일
Week 4	Part C-1: 3 월 일	Part C-2: 1 월 일	Part C-2: 2 월 일	Part C-2: 3 월 일	Part C-2: 4 월 일

Weekly Study Plan

8-WEEK Plan 기초부터 실전까지 차근차근 정복하여 TOSEL 점수를 내고 싶은 학습자를 위한 플랜

	Day 1	Day 2	Day 3	Day 4	Day 5
Week 1	Part A: 1 월 일	Part A: 1 월 일	Part A: 2 월 일	Part A: 2 월 일	Part A: 3 월 일
Week 2	Part A: 3 월 일	Part A: 4 월 일	Part A: 4 월 일	Part A: 5 월 일	Part A: 5 월 일
Week 3	Part B: 1 월 일	Part B: 1 월 일	Part B: 2 월 일	Part B: 2 월 일	Part B: 3 월 일
Week 4	Part B: 3 월 일	Part B: 4 월 일	Part B: 4 월 일	Part B: 5 월 일	Part B: 5 월 일
Week 5	Part B: 6 월 일	Part B: 6 월 일	Part B: 7 월 일	Part B: 7 월 일	Part B: 8 월 일
Week 6	Part B: 8 월 일	Part C-1: 1 월 일	Part C-1: 1 월 일	Part C-1: 2 월 일	Part C-1: 2 월 일
Week 7	Part C-1: 3 월 일	Part C-1: 3 월 일	Part C-2: 1 월 일	Part C-2: 1 월 일	Part C-2: 2 월 일
Week 8	Part C-2: 2 월 일	Part C-2: 3 월 일	Part C-2: 3 월 일	Part C-2: 4 월 일	Part C-2: 4 월 일

Table of Contents

Intro

Section I. Listening & Speaking

Part A Listen and Recognize

Part A 유형설명

유형	세부 내용	문항 수
문장에 알맞은 그림 고르기	1. 사물, 동물 2. 인물, 동작, 직업 3. 장소, 위치 4. 색, 모양 5. 날씨, 시간, 수	각 유형이 골고루 출제됨
총 5개 유형		총 5문항

DIRECTION

1. 1번부터 5번까지 하나의 문장을 듣고, 주어진 3개의 그림 중 듣기 내용과 일치하는 그림을 고르는 문제입니다.

2. 문장은 두 번씩 들려주며, 시험지에는 3개의 그림만 주어집니다.

Part Ⓐ는 이렇게 준비하자!

❶ 미리 사진 살펴보기

Part A에서는 3개의 그림이 시험지에 주어지기 때문에 미리 그림을 보고 듣기 내용을 듣는다면 더 쉽게 정답을 고를 수 있습니다. 주로 사물의 이름, 인물이나 동물이 어떤 동작을 하고 있는지, 장소나 위치가 어디인지, 이외에도 날씨나 시간, 가격 등 각 그림에서 가장 눈에 띄게 비교되는 부분을 미리 보는 것이 도움이 될 것입니다.

❷ 핵심어에 주목하기

'The lion is sleeping.'(사자는 잠을 자고있다.)라는 문장에서 어떤 부분이 문장의 핵심 정보를 담고 있을까요? 'the', 'is'와 같은 기능어보다는 'lion', 'sleeping'과 같은 핵심어일 것입니다. 이 핵심 정보를 바탕으로 '잠을 자고있는 사자'의 그림을 고르면 됩니다. 이처럼 핵심어를 정확하게 듣는 능력은 Listening and Speaking Section 전반에 걸쳐 중요한 부분입니다.

VOCA

n	**notebook**	공책 
phr	**brush teeth**	양치질을 하다
n	**teacher**	선생님
n	**hamster**	햄스터
n	**shirt**	셔츠 
n	**chef**	조리사
n	**ruler**	자
n	**coke**	콜라
v	**jog**	조깅하다
n	**kitchen**	주방 
phr	**make a bed**	잠자리를 정돈하다
n	**starfish**	불가사리
phr	**take a shower**	샤워하다
n	**bakery**	빵집
n	**police officer**	경찰관
n	**parrot**	앵무새

유형 1 사물, 동물

문장에 알맞은 그림 고르기 1

사물이나 동물의 이름이나 특징을 묘사하는 문장 하나를 듣고,
그 내용과 가장 관련 있는 그림을 고르는 유형입니다.

사물과 동물을 나타내는 영어 단어를 알아두는 것이 중요하며,
'사물/동물과 숫자' 또는 '사물/동물과 색' 등 두 가지 요소를 함께 물어보는
문제가 출제되기도 합니다.

☐ **dog**	개	☐ **pig**	돼지
☐ **sheep**	양	☐ **fox**	여우
☐ **elephant**	코끼리	☐ **snake**	뱀
☐ **cat**	고양이	☐ **giraffe**	기린
☐ **horse**	말	☐ **otter**	수달
☐ **cow**	소	☐ **lion**	사자
☐ **mouse**	쥐	☐ **frog**	개구리
☐ **rabbit**	토끼	☐ **peacock**	공작새
☐ **turtle**	거북이	☐ **tiger**	호랑이
☐ **monkey**	원숭이	☐ **lizard**	도마뱀

Step 1. Example

Track A-01

Q

Boy: It is a fox.

(A)

(B)

(C)

해석 소년: 그것은 여우이다.

어휘 n **fox** 여우

풀이 정답 (C)

세 그림 모두 동물의 모습입니다. 따라서 어떤 동물의 이름이 나올지를 들어야합니다.
'fox'(여우)라는 단어를 말했으므로 (C)가 정답입니다.

함께 알아두면 좋을 표현

*** 지칭하는 표현**

위와 같이 'It is'(그것은~이다)는 하나의 대상을 말할 때 쓸 수 있는 표현입니다.
여러 명 혹은 여러 개를 지칭할 때는 'They are'(그것들은 ~이다)라는 표현을 쓸 수 있습니다.

ex **It is** a penguin. 그것은 펭귄이다. **They are** penguins. 그것들은 펭귄(들)이다.

Step 2. Pattern Practice

Track A-02

Tip 사물/동물과 색을 함께 말하는 경우도 있다는 것을 알아두세요.

Q

Girl: The bag is blue.

(A)

(B)

(C)

해석 소녀: 가방은 파란색이다.

Aa 어휘

- n **bag** 가방
- n **blue** 파란색

풀이 정답 (B)

세 그림 모두 각기 다른 특징의 사물입니다. 따라서 어떠한 특징을 갖고 있는 사물의 이름이 나올지를 집중하여 들어야합니다. 듣기에서 'the bag'(가방)이 'blue'(파란색)이라고 했으므로 (B)가 정답입니다.

함께 알아두면 좋을 단어

＊ 다양한 문구용품

꼭 알아두어야 하는 문구류를 정리해보겠습니다.

ex eraser 지우개 | scissor 가위 | ruler 자 | pencil 연필 | pencil case 필통 | (pencil) sharpener 연필깎이 | stapler 스테이플러 | notebook 공책 | glue 풀 | colored pencil 색연필

Track A-03

Tip 어떤 동물과 사물의 이름이 나올지 들어보세요.

Q

Boy: The hamster is in a wheel.

(A)

(B)

(C)

해석 소년: 햄스터가 바퀴 안에 있다.

어휘

n	**wheel**	바퀴
n	**hamster**	햄스터

풀이 정답 (A)

세 그림 모두 어떤 물건 안에 각기 다른 동물이 있는 모습입니다. 따라서 어떤 사물과 어떤 동물의 이름이 나올지를 집중하여 들어야합니다. 듣기에서 'hamster'(햄스터)가 'wheel'(바퀴)안에 있다고 했으므로 (A)가 정답입니다.

토셀쌤의 문제 풀이 Tip!

각기 그림에 두 가지 이상의 것들이 있을 땐 **공통점을 찾아보는 것**이 도움이 됩니다. 예를 들어 세 개의 그림 모두 사물 하나와 동물 하나일 경우 어떤 사물과 어떤 동물의 이름이 나올지 하나씩 듣고 시험지에 있는 선택지 그림에 표시해 둡시다.

Step 3. Practice Test

Q1

(A)

(B)

(C)

Q2

(A)

(B)

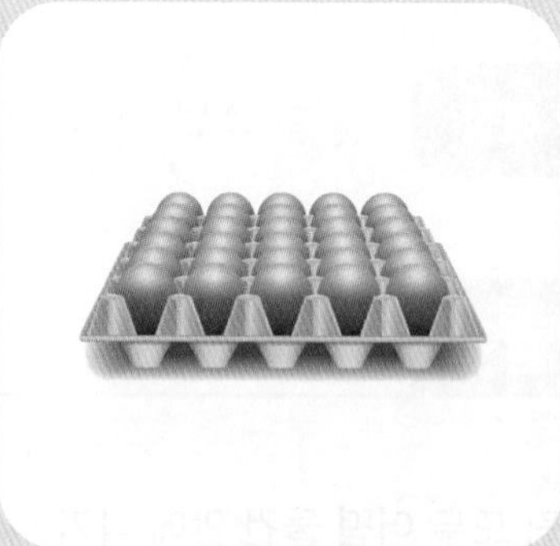

(C)

함께 알아두면 좋을 표현

*** 음식과 관련된 표현들**

음식이나 음식 재료들이 주로 출제되니 음식과 관련된 영어 단어들을 알아두도록 합시다.

ex bread 빵 | sandwich 샌드위치 | pasta 파스타 | stew 스튜 | steak 스테이크

Track A-04

Q3

(A)

(B)

(C)

Q4

(A)

(B)

(C)

토셀쌤의 문제 풀이 Tip!

세 그림에서 각기 어떤 사물 또는 동물을 제시하고 있는지 먼저 보는 것이 도움이 됩니다. 지문에서 어떤 사물과 동물이 나올지 하나씩 듣고 언급된 그림에 표시합니다.

유형 2 인물, 동작, 직업

문장에 알맞은 그림 고르기 2

인물의 동작이나 상태, 직업 등에 관한 문장 하나를 듣고,
그 내용과 가장 관련 있는 그림을 고르는 유형입니다.

동작을 표현하는 영어 동사를 알아두는 것이 중요하며,
가끔 인물의 직업이나 느낌 등을 물어보는 문제가 출제되기도 합니다.

빈 박스에 체크 표시를 하면서
동작을 표현하는 단어들을 외워보세요!

☐	**sit down**	앉다
☐	**stand up**	일어나다
☐	**read**	읽다
☐	**play**	놀다
☐	**listen**	듣다
☐	**cry**	울다
☐	**sing**	노래하다
☐	**watch**	시청하다

Step 1. Example

Track A-05

Q

Girl: The girl is washing her hands.

(A)

(B)

(C)

해석 소녀: 그 소녀는 손을 씻고 있다.

어휘 v **wash** 씻다

풀이 정답 (A)

세 그림을 보면 모두 소녀가 등장하고 각기 다른 동작을 하고 있습니다. 따라서 소녀의 동작을 나타내는 단어에 집중하여 들어야 합니다. 듣기에서 소녀가 'washing her hands'(손을 씻고 있다)고 했으므로 (A)가 정답입니다.

함께 알아두면 좋을 표현

＊ 몸을 정돈하는 표현

동작을 나타내는 표현들 중 몸을 정돈하는 것과 관련된 표현들을 알아보도록 합시다.

ex brush teeth 양치하다 | take a shower 샤워를 하다 | put on makeup 화장하다

Step 2. Pattern Practice

Track A-06

Tip 동작을 나타내는 영어 표현에 귀 기울여봅시다.

Q

Boy: I make my bed every day.

(A)

(B)

(C)

해석 소년: 나는 매일 잠자리를 정돈한다.

어휘 phr **make a bed** 잠자리를 정돈하다

풀이 정답 (B)

세 그림 모두 소년의 다양한 동작을 보여주고 있습니다. 따라서 소년의 동작을 나타내는 단어에 집중해서 들어야 합니다. 듣기에서 'make my bed (나의 잠자리를 정리한다.)'라고 했으므로 (B)가 정답입니다.

함께 알아두면 좋을 단어

*** 청소와 관련된 표현들**

동작을 나타내는 표현들 중 청소하는 것과 관련된 표현들을 알아보도록 합시다.

ex make a bed 이부자리를 정돈하다 | wash dishes 설거지하다 | do the laundry 세탁을 하다

Track A-07

Tip 직업을 나타내는 영어 표현에 귀 기울여봅시다.

Q

Girl: My uncle is a chef.

(A)

(B)

(C)

해석 소녀: 우리 삼촌은 요리사다.

어휘 n **chef** 요리사

풀이 정답 (A)

세 그림 모두 각기 다른 직업을 갖고 있는 남자의 모습을 보여주고 있습니다. 따라서 직업과 관련된 단어에 집중하여 들어야 합니다. 듣기에서 삼촌은 'chef(요리사)'라고 했으므로 (A)가 정답입니다.

함께 알아두면 좋을 단어

＊ 직업과 관련된 표현

직업을 표현하는 단어들을 알아보도록 합시다.

ex teacher 선생님 | doctor 의사 | veterinarian 수의사 | architect 건축가 | pilot 조종사

Step 3. Practice Test

Q1

(A)

(B)

(C)

Q2

(A)

(B)

(C)

함께 알아두면 좋을 표현

* 활동과 관련된 표현들

누군가와 함께 즐길 수 있는 신나는 활동과 관련된 표현들을 알아보도록 합시다.

ex go to the beach 해변에 가다 | have a picnic 소풍 가다 | bake a pie 파이를 굽다
go on a trip 여행을 가다 | play a game 게임하다 | pick fruits 과일을 따다

Track A-08

Q3

(A)

(B)

(C)

Q4

(A)

(B)

(C)

토셀쌤의 문제 풀이 Tip!

세 그림 간의 공통점과 함께 차이점이 있는 경우, **세 그림의 차이점**이 문제 푸는 데에 포인트가 될 수 있습니다. 예를 들어, 4번 문제처럼 세 그림 모두 '말(horse)'이 공통적 요소지만, 인물들의 동작에서 차이가 있기 때문에 동작을 나타내는 표현이 문제의 포인트가 됩니다.

유형 3 장소, 위치

문장에 알맞은 그림 고르기 3

장소나 배경 또는 공간상의 위치에 관한 문장 하나를 듣고,
그 내용과 가장 관련 있는 그림을 고르는 유형입니다.

일상 속에서 장소를 나타내는 영어 단어들을 알아두는 것이 중요하며,
공간상의 위치 관계를 나타내는 전치사 표현 또한 알아 두어야 합니다.

위치와 관련된 단어들을 알아볼까요?

☐	**on**	위에
☐	**in**	안에
☐	**into**	안으로
☐	**under**	아래에
☐	**above**	위에
☐	**next to**	옆에
☐	**between**	사이에
☐	**behind**	뒤에
☐	**in front of**	앞에

Step 1. Example

Track A-09

Q

Boy: A mouse is in front of the box.

(A)

(B)

(C)

해석 소년: 쥐는 상자 앞에 있다.

Aa 어휘

- n **mouse** 쥐
- n **box** 상자

풀이 정답 (B)

세 개의 그림 모두에 등장하는 대상은 쥐와 상자입니다. 이 세 개 그림의 차이점은 쥐가 상자로부터 어느 위치에 있는가입니다. 따라서 장소 전치사를 잘 듣고 답을 골라야합니다. 'in front of the box'(상자 앞에) 쥐가 있다고 했으므로 (B)가 정답입니다.

헷갈리기 쉬운 표현 Tip!

∗ On vs Above

on은 어떤 '표면 위'에 있는 것을, above는 '어떤 것보다 더 위'에 있는 것을 의미합니다.

ex There is a book **on the desk.** 책이 책상 위에 있다. (표면에 닿아 있는 것)
There is a moon **above the mountain.** 달이 산 위에 있다. (~ 보다 위에 있는 것)

Step 2. Pattern Practice

Track A-10

Tip 장소가 어디인지 살펴보세요.

Q

Girl: The man wants to buy a computer.

(A)

(B)

(C)

해석 소녀: 남성은 컴퓨터를 사길 원한다.

Aa 어휘

v	**buy**	사다
n	**computer**	컴퓨터

풀이 정답 (C)

세 그림 모두 어떠한 물건을 판매하는 장소를 나타내고 있습니다. 따라서 어떤 상점을 나타낼지 집중해서 들어야 합니다. 듣기에서 'buy a computer'(컴퓨터를 사다)라고 했으므로 (C)가 정답입니다.

함께 알아두면 좋을 단어

*** 상점과 관련된 단어들**

장소를 나타내는 단어들 중, 상점과 관련된 단어들을 알아봅시다.

ex flower shop 꽃 가게 | department store 백화점 | bakery 빵집
grocery store 식료품점 | electronics store 전자제품점 | market 시장

Track A-11

Tip 딸기가 그릇을 중심으로 어느 위치에 있나요?

Q

Boy: There is a strawberry between the bowls.

(A)

(B)

(C)

해석 소년: 그릇들 사이에 딸기가 있다.

Aa 어휘

n	**strawberry**	딸기
n	**bowl**	그릇

풀이 정답 (A)

세 그림 모두에 등장하는 대상은 딸기와 그릇입니다. 그림의 차이점은 딸기가 그릇으로부터 어느 위치에 있는가입니다. 따라서 장소 전치사를 잘 듣고 답을 골라야합니다. ‘between the bowls’(그릇 사이에) 딸기가 있다고 했으므로 (A)가 정답입니다.

헷갈리기 쉬운 표현 Tip!

∗ Beside vs Next to

큰 차이는 없으나, beside가 next to 보다 더 형식적인 의미로 next to 가 더 많이 사용됩니다.

ex There is a strawberry **beside** the bowl. 딸기가 그릇 옆에 있다.
There is a strawberry **next to** the bowl. 딸기가 그릇 옆에 있다.

Step 3. Practice Test

Q1

(A)

(B)

(C)

Q2

(A)

(B)

(C)

함께 알아두면 좋을 표현

＊ 생활 공간과 관련된 표현들

집 안의 생활 공간과 관련된 단어들을 알아보도록 합시다.

ex living room 거실 | kitchen 주방 | backyard 뒷마당 | garden 정원
bedroom 침실 | garage 차고 | balcony 베란다 | porch 현관

Track A-12

Q3

(A)

(B)

(C)

Q4

(A)

(B)

(C)

토셀쌤의 문제 풀이 Tip!

책과 관련된 장소로 library(도서관)와 bookstore(서점)을 헷갈리지 않아야 합니다. library(도서관)는 책을 읽고 빌릴 수 있는 곳이고, bookstore(서점)은 library(도서관)처럼 책을 읽을 수도 있지만, 책을 빌리는 곳이 아닌 구매하는 곳입니다.

유형 4 색, 모양

문장에 알맞은 그림 고르기 4

색이나 모양에 관한 문장 하나를 듣고
내용과 가장 관련 있는 그림을 고르는 유형입니다.

다양한 색과 모양을 나타내는 단어들을 알아두는 것이 중요합니다.

주위 사물들의 색깔과 모양을 영어로 표현해봅시다!

색깔 영어표현

red	빨강	**orange**	주황
green	초록	**blue**	파란
purple	보라	**pink**	분홍
brown	갈색	**gray**	회색
yellow	노랑	**black**	검정

모양 영어표현

☐	**circle**	원
☐	**triangle**	삼각형
☐	**square**	정사각형
☐	**rectangle**	직사각형

Step 1. Example

Track A-13

Q

Girl: The boy is holding a square shape.

(A)

(B)

(C)

해석 소녀: 소년은 정사각형 모양을 들고 있다.

어휘

v	**hold**	잡다
n	**shape**	모양

풀이 정답 (A)

세 그림에서 모두 소년이 등장하고 있지만, 각 소년이 다른 모양의 도형을 들고 있기 때문에 어떤 모양을 말할지 집중해 들어야 합니다. 듣기에서 소년이 '정사각형 모양'(square shape)을 들고 있다 했으므로 (A)가 정답입니다.

헷갈리기 쉬운 표현 Tip!

＊ Square vs Rectangle

'**square**'와 '**rectangle**'은 사각형이라는 공통점이 있지만, '**square**'은 '**rectangle**'과 달리 네 변의 길이가 같고, 네 각의 크기가 같은 '정사각형'을 의미합니다.

Step 2. Pattern Practice

Track A-14

Tip 모자 위에 달린 장식의 모양이 무엇인가요?

Q

Boy: I like the flower ribbon on your hat.

(A)

(B)

(C)

해석

소년: 너의 모자에 달린 꽃 리본이 마음에 들어.

어휘

n	**flower**	꽃
n	**ribbon**	리본
n	**hat**	모자

풀이 정답 (A)

세 그림 모두 보라색 모자라는 공통점이 있지만, 모자에 달린 장식이 각기 다릅니다. 따라서 모자의 어떤 장식을 말할지 집중하여 들어야 합니다. 듣기에서 모자에 달린 '꽃 리본'(flower ribbon)이 마음에 든다고 했으므로 (A)가 정답입니다.

함께 알아두면 좋을 단어

*** 다양한 모양을 표현하는 단어들**

동그라미나 세모 등 도형 이외의 여러가지 모양을 표현하는 단어들을 알아봅시다.

ex heart 하트 | stripe 줄무늬 | checkered 체크무늬의 | diamond 다이아몬드

Track A-15

Tip 각기 다른 색의 털을 가지고 있네요? 어떤 색을 표현할지 들어봅시다.

Q

Girl: The cat has gray fur.

(A) (B) (C)

해석

소녀: 그 고양이는 회색 털을 가지고 있다.

어휘

n	**cat**	고양이
n	**fur**	털
adj	**gray**	회색의

풀이 정답 (C)

세 그림 모두 각기 다른 색의 털을 가진 고양이의 모습을 보여줍니다. 따라서 어떤 색의 고양이를 말할지 집중하여 들어야 합니다. 듣기에서 고양이가 'gray'(회색의) 털을 가졌다고 했으므로 (C)가 정답입니다.

헷갈리기 쉬운 표현 Tip!

＊ 색깔의 품사

'red'나 'yellow'를 비롯한 색깔을 나타내는 단어들은 명사 역할을 하기도 하지만, 위의 문제처럼 다른 명사를 꾸며주는 형용사의 역할도 합니다.

Step 3. Practice Test

Q1

(A) (B) (C)

Q2

(A) (B) (C)

함께 알아두면 좋을 표현

∗ 자연물과 관련된 단어들

자연 속에서 나타나는 여러가지 모양을 표현하는 영어 단어들을 알아봅시다.

ex star 별 | moon 달 | sun 해 | tree 나무 | leaf 나뭇잎

Track A-16

Q3

(A)

(B)

(C)

Q4

(A)

(B)

(C)

토셀쌤의 문제 풀이 Tip!

사각형이나 삼각형과 같은 일반적인 도형의 모양뿐만 아니라 줄무늬와 체크무늬같은 패턴이나 나무와 꽃 같은 자연물의 모양 등 **다양한 모양들**을 물어보는 경우가 많으니 관련 어휘를 미리 공부해두는 것이 문제 풀이에 도움이 됩니다.

유형 5 날씨, 시간, 수
문장에 알맞은 그림 고르기 5

날씨, 시간, 수 등을 듣고 그 내용과 일치하는 그림을 고르는 유형입니다.

시간과 관련된 문제에서는 '몇 시'와 '몇 분'을 잘 들어야 하고,
날씨를 나타내는 여러가지 표현들, 그리고 수를 어떻게 표현하는지를 알아야 합니다.

지금 날씨와 시간을 영어로 표현해볼까요?

시간 영어표현

9:00(AM) It's nine AM.
오전 9시입니다.

11:30(PM) It's eleven thirty PM.
오후 11시 30분 입니다.

날씨 영어표현

☐	**windy**	바람 부는
☐	**sunny**	화창한
☐	**rainy**	비가 오는
☐	**wet**	비가 오는
☐	**snowy**	눈이 내리는

Step 1. Example

Track A-17

Q

Boy: It's nine thirty.

(A) (B) (C)

해석 소년: 9시 30분이다.

어휘

n	**nine**	9, 아홉 시
n	**thirty**	30, 30분

풀이 정답 (C)

세 그림은 모두 시간을 나타내고 있습니다. 그러므로 '몇 시', '몇 분'을 나타낼지 집중하여 들어야 합니다. 듣기에서 시간은 'nine thirty'이라고 했으므로 (C)가 정답입니다.

헷갈리기 쉬운 표현 Tip!

*** 시간을 표현할 때의 'it'**

시간을 말할 때 숫자 정보만 말하는 경우도 있지만 보통 "It's nine."과 같이 앞에 '**it**'을 붙여 말합니다. 이 때 '**it**'은 '그것'으로 해석하지 않도록 주의합시다.

Step 2. Pattern Practice

Track A-18

Tip 다른 날씨를 표현하고 있네요. 날씨 표현에 귀 기울여 보세요.

Q

Girl: It is raining today.

(A)

(B)

(C)

해석 소녀: 오늘은 비가 와요.

어휘

v	**rain**	비가 오다
n	**today**	오늘

풀이 정답 (A)

세 그림은 각기 다른 날씨를 표현하고 있습니다. 따라서 날씨를 어떻게 표현할지 집중해 들어야 합니다. 듣기에서 소녀가 오늘은 'It is raining'(비가 온다)고 말했으므로 (A)가 정답입니다.

헷갈리기 쉬운 표현 Tip!

＊ 날씨를 표현할 때의 'it'

"It is raining"(비가 온다)처럼 날씨를 표현할 때 주어 자리에 'it'이 옵니다.
시간을 표현할 때와 마찬가지로, 이 때 'it'을 '그것'으로 해석하지 않도록 주의합시다.

Track A-19

Tip 물고기들이 몇 마리가 있다고 하는지 잘 들어보세요.

Q

Boy: There are five fishes.

(A) (B) (C)

해석 소년: 물고기 다섯 마리가 있다.

Aa 어휘

n **five** 다섯

n **fish** 물고기

풀이 정답 (B)

세 그림은 모두 물고기의 수가 각기 다르게 묘사되어 있습니다. 따라서 물고기의 개수를 집중해 들어야 합니다. 듣기에서 서로 다른 종류의 물고기가 'five'(다섯 마리)가 있다고 했으므로 (B)가 정답입니다.

헷갈리기 쉬운 표현 Tip!

∗ 주어 자리에 있는 'There'

어떤 것의 존재를 나타낼 때 주어 자리에 '**there**'이 옵니다.

한 개만 존재할 경우 '**there is**'로 쓰이고 여러 개가 존재할 경우 '**there are**'로 쓰입니다.

Step 3. Practice Test

Q1

(A)

(B)

(C)

Q2

(A)

(B)

(C)

함께 알아두면 좋을 표현

＊ 시간의 관계를 나타내는 부사

시간의 관계 혹은 순서를 나타내는 부사를 알아봅시다.

ex already 이미, 벌써 | still 아직, 여전히 | before 전에 | after 후에 | now 지금

Track A-20

Q3

(A)

(B)

(C)

Q4

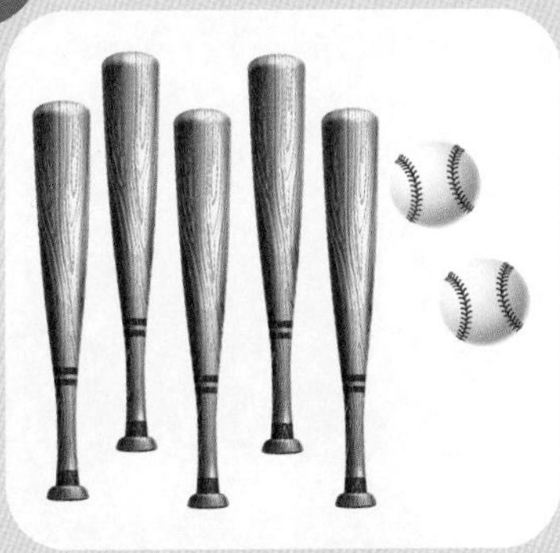

(A)

(B)

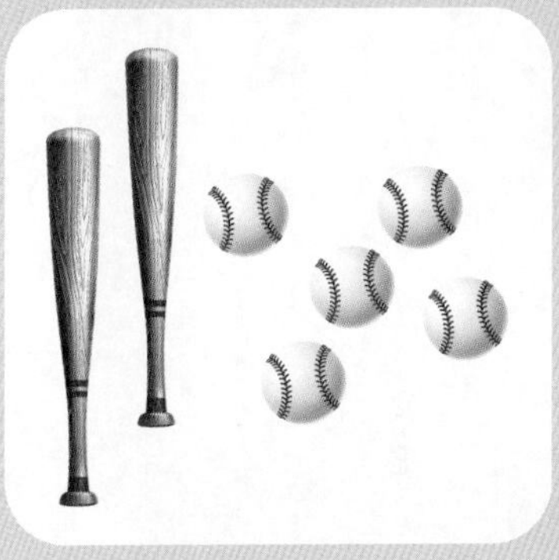

(C)

토셀쌤의 문제 풀이 Tip!

4번 문제의 야구방망이와 야구공처럼 세 보기의 사물의 종류는 같고 개수는 다른 경우, 사물의 영어 단어보다 사물의 개수가 문제 풀이의 핵심이기 때문에 **숫자 정보를 집중해 듣는 것**이 중요합니다.

Part B Listen and Respond

Part B 유형설명

유형	세부 내용	문항 수
의문문에 알맞은 응답 찾기	1. Who	각 유형이 골고루 출제됨
	2. What	
	3. Where	
	4. When	
	5. Why	
	6. How	
	7. Yes / No	
8. 평서문 / 명령문에 알맞은 응답 찾기		
총 8개 유형		총 5문항

DIRECTION

1. 6번부터 10번까지는 대화 문제입니다. 소년과 소녀의 대화에서, 먼저 한 질문이나 말에 대한 알맞은 응답을 고르는 문제입니다.

2. 문제와 보기는 두 번씩 들려주며, 시험지에 표시되지 않습니다.

Part B 는 이렇게 준비하자!

❶ 의문사 의문문 바로 듣기

Part B에서 가장 많이 출제되는 질문 형태는 의문사 의문문입니다. 의문사는 질문의 맨 앞에 나오기 때문에 맨 앞을 놓치지 말고 들어야 알맞은 대답을 고를 수 있습니다. 특히 When과 Where의 발음을 혼동하는 경우가 많으니 이 두 개의 의문사를 여러 번 듣고 정확히 구분하는 연습을 하면 도움이 됩니다.

❷ 간접적으로 돌려 말하는 방법 이해하기

질문에 대한 대답을 직접적으로 말할 수도 있지만 간접적으로 돌려 말할 수도 있다는 사실을 명심해야 합니다.

다음의 예를 잘 살펴봅시다.

Example

Q : Is it raining outside? 밖에 비가 와?

A1 : Yes, it is. 응, 맞아 (비가 와.) **직접적 답변**

A2 : Yes, take your umbrella. 응, 우산 가져가. **간접적 답변**

VOCA

n	**letter**	편지 
n	**dinner**	저녁 식사
n	**park**	공원
n	**date**	날짜 
n	**season**	계절
n	**street**	거리, 도로
v	**greet**	맞이하다
n	**idea**	생각
adj	**tall**	키가 큰
v	**swim**	수영하다
adv	**o'clock**	~시 (정각)
n	**morning**	아침 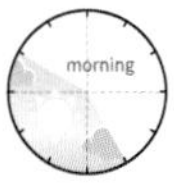
phr	**far away**	(거리가) 먼
n	**drawer**	서랍 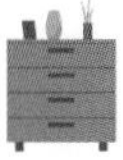
n	**concert**	콘서트
n	**town**	지역, 마을

유형 1 Who

의문문에 알맞은 응답 찾기

Who로 시작하는 질문을 듣고
보기 중에서 가장 적절한 대답을 찾는 유형입니다.

Whose로 시작하여 '누구의 것'을 묻는 질문도 가끔 등장하니
누구(Who)를 묻는 것인지 누구의 것(Whose)을 묻는 것인지를
잘 파악하여 정답을 찾아야 합니다.

Step 1. Example

Track B-21

Q

'Who' 누가 'coming' 오는가?

Boy: Who is coming to the party?

Girl: ____________________

(A) It is very hot.

(B) We are all coming.

(C) She is a student.

해석

소년: 누가 파티에 오니?

소녀: ____________________

(A) 너무 더워.

(B) 우리 모두 갈 거야.

(C) 그녀는 학생이야.

풀이 정답 (B)

Who로 시작하여 누가 파티에 오는지를 묻고 있습니다. 이에 대해 'We are all coming."(우리 모두 갈 거야.)라고 한 대답이 가장 적절하므로 (B)가 정답입니다.

Aa 어휘

n	**party**	파티	
adj	**hot**	더운, 뜨거운, 매운	
n	**student**	학생	

함께 알아두면 좋을 표현

∗ Who is coming?

'누가 오는가?'라는 표현으로 뒤에 구체적 장소(to+장소)가 오기도 합니다. 이에 대해서 '~가 와.' (주어+be동사+coming)라고 답 할때 시제는 현재이지만, 의미로는 미래를 지칭합니다.

Step 2. Pattern Practice

Track B-22

Q

Girl: Who can sing well?

Boy: ______________________

(A) I take the bus.

(B) Jasmine is a good singer.

(C) It is at home.

해석

소녀: 누가 노래를 잘 부를 수 있니?

소년: ______________________

(A) 나는 버스를 타.

(B) Jasmine은 노래를 잘 불러.

(C) 그것은 집에 있어.

풀이 정답 (B)

'Who'(누가)와 'sing'(노래하다)을 제대로 들었다면 알맞은 대답을 찾을 수 있습니다. 'Who can sing well?' (누가 노래를 잘 부를 수 있니?)에 대한 대답으로 'Jasmine'이 'good singer'라고 한 대답이 가장 적절하므로 (B)가 정답입니다.

Aa 어휘 v **sing** 노래하다 n **singer** 가수 v **take** ~를 타다

함께 알아두면 좋을 표현

＊ Take + 교통수단

'take + 교통수단'은 '~(교통수단)을 타다'라는 표현으로 동사가 ride가 아닌 take가 옵니다.

ex I **take** the **bus.** 나는 버스를 탄다. | **Take** a **subway.** 지하철을 타세요.

Track B-23

Q

Girl: Whose bag is that?

Boy: ____________________

(A) We can do it.

(B) It's mine.

(C) That's okay.

해석

소녀: 저것은 누구의 가방이니?

소년: ____________________

(A) 우리는 할 수 있어.

(B) 그건 내 거야.

(C) 괜찮아.

풀이 정답 (B)

'Whose'로 질문을 하고 있으므로 누구의 것인지에 대한 답을 찾아야 합니다. 물건의 소유자가 누구인지에 대한 질문인 "Whose bag is that?"(저건 누구의 가방이니?)에 대한 대답으로 "It's mine." (그건 내 거야.)라고 한 대답이 가장 적절하므로 (B)가 정답입니다.

Aa 어휘 n **bag** 가방 pron **mine** 나의 것

헷갈리기 쉬운 표현 Tip!

＊ 의문사 Who vs Whose

'**who**'는 '누구'라는 의미로 사람이름이나 사람과의 관계에 대해 물어볼 때 사용합니다.
'**whose**'는 '누구의 것'이라는 의미로 who의 소유격 및 소유대명사입니다.

Step 3. Practice Test

Q1 2020 기출 정답률 **89.12%**

Boy: Who is that girl?

Girl: ______________________

(A) That's very nice.

(B) He's 10 years old.

(C) She's a new student.

Q2 2020 기출 정답률 **80.21%**

Boy: Whose bicycle is that?

Girl: ______________________

(A) It's old.

(B) It's mine.

(C) It's over there.

토셀샘의 문제 풀이 Tip!

'who'나 'whose'의 경우, **'누구'**, **'누구의 것'**에 대한 질문으로 대부분의 경우, 사람과 관련된 대답이 옵니다. 따라서 사람과 관련없는 선택지는 제외하고 문제를 풀면 도움이 됩니다.

Q3

Girl: Who is taller, Jamie or Ben?

Boy: ______________________________

(A) It is Jamie.

(B) I am shorter.

(C) That is a tall tree.

Q4

Boy: Who are you talking to?

Girl: ______________________________

(A) My sister.

(B) Tastes good.

(C) Please sit down.

함께 알아두면 좋을 표현

＊ Who is 비교급?

'Who is 비교급'은 '누가 더 ~하는지' 두 가지 이상의 대상을 비교할 때 사용한다.

ex **Who is** young**er?** 누가 더 어린가?

유형 2 What

의문문에 알맞은 응답 찾기

What으로 시작하는 질문을 듣고
보기 중에서 가장 적절한 대답을 찾는 유형입니다.

What 뒤에 나오는 동사에 따라 달라지는 의문문 형태를 잘 알아둡시다.
time 등의 명사가 함께 나와 '몇 시인지' 등을 묻는 문제가 출제되기도 하니,
What 뒤에 나오는 단어에도 집중하여 정확히 어떤 것을 묻는지 이해해야 합니다.

Step 1. Example

Track B-25

Q

'What' 무엇 'you' 너는 'like to do' 하는 걸 좋아하니?

Girl: What do you like to do?

Boy: ______________________

(A) I like swimming.

(B) You are my friend.

(C) They have two dogs.

해석

소녀: 넌 무엇을 하는 걸 좋아하니?

소년: ______________

(A) 나는 수영을 좋아해.

(B) 너는 나의 친구야.

(C) 그들은 두 마리의 개를 가지고 있어.

풀이 정답 (A)

What으로 시작하여 "What do you like to do?"(넌 무엇을 하는 걸 좋아하니?)라고 물은 질문에 대해 "I like swimming."(난 수영을 좋아해)라고 대답한 (A)가 정답입니다.

Aa 어휘 n **swim** 수영 n **friend** 친구 n **dog** 개

토셀쌤의 문제 풀이 Tip!

＊ 질문의 주어와 대답의 주어의 일치

위의 문제의 경우 '너는'(You) 무엇을 하는 걸 좋아하는지 묻고 있습니다. 이에 대한 대답으로 '나는'(I) 수영하는 걸 좋아한다고 말해야 질문의 주어와 대답의 주어가 일치하게 됩니다.

ex Q: What does **your sister** like to do? A: **She** likes swimming.

Step 2. Pattern Practice

Track B-26

Tip 질문의 맨 앞을 집중해서 들어보세요. 어떤 내용을 묻고 있나요?

Q

Boy: What time do you eat dinner?

Girl: ______________________

(A) At 6 o'clock.

(B) With my family.

(C) At the park.

해석

소년: 너는 몇 시에 저녁 먹니?

소녀: ______________________

(A) 6시에.

(B) 내 가족과 함께.

(C) 공원에서.

풀이 정답 (A)

'What time'으로 시작하여 시간을 물어보는 질문입니다. "What time do you eat dinner?"(너는 언제 저녁을 먹니?)에 대해 "At 6 o'clock."(6시에.)라고 대답한 (A)가 정답입니다.

Aa 어휘 adv **o'clock** ~시 n **family** 가족 n **park** 공원

헷갈리기 쉬운 표현 Tip!

*** What 다음에 오는 명사**

'What + 명사 + 동사 + 주어'의 형태로 What 다음에 나오는 명사에 따라 내용이 달라집니다.

ex **What kind of hat** do you like? 어떤 종류의 모자가 좋아요?
What color is your bag? 당신의 가방은 무슨 색이에요?

Track B-27

Tip 질문의 핵심어가 무엇인지 귀 기울여 들어보세요.

Q

Girl: What are you doing this afternoon?

Boy: ____________________

(A) I'm going home.

(B) Sure, I'd love to.

(C) I think that's too much.

해석

소녀: 넌 오후에 뭘 할거니?

소년: ____________________

(A) 집에 갈 거야.

(B) 물론이지, 정말 좋아.

(C) 그건 너무 많다고 생각해.

풀이 정답 (A)

What으로 시작하여 "What are you doing this afternoon?"(넌 오후에 뭘 할 거니?)라고 물은 질문에 대해 "I'm going home."(집에 갈 거야.)라고 대답한 (A)가 정답입니다.

Aa 어휘

n **afternoon** 오후 v **think** 생각하다 adv **too much** 너무 많은

n **home** 집

함께 알아두면 좋을 표현

*** 의문사 의문문의 대답**

의문사로 시작하는 질문에 Sure, Yes, No로 대답할 수 없습니다.

ex Q : **What** is your name? 네 이름이 뭐니?
A : Jason. 제이슨이야. (O) / A : Sure, I will do it. 물론이지, 내가 그걸 할게. (X)

Step 3. Practice Test

Q1

Boy: What's the date today?

Girl: ______________________________

(A) It's winter.

(B) It's Sunday.

(C) It's February 1st.

Q2 2019 기출 정답률 **84.79%**

Girl: What does your mom do?

Boy: ______________________________

(A) She works for a bank.

(B) She's working out really hard.

(C) She has a good partner.

토셀쌤의 문제 풀이 Tip!

What 뒤에 **date/day와 같은 명사**가 함께 나오면 **'날짜/요일이 언제인지'**를 묻는 문제가 출제되기도 하니, What 뒤에 나오는 단어에 집중하여 정확히 어떤 것을 묻는지 이해해야 합니다.

Q3

Boy: What color is your jacket?

Girl: ______________________

(A) It is too big.

(B) It is brown.

(C) It is only twenty dollars.

Q4

Girl: What is your favorite season?

Boy: ______________________

(A) I like spring.

(B) She looks cold.

(C) Yes, thank you.

함께 알아두면 좋을 표현

＊ 'What is your favorite + 명사'

'favorite'은 '가장 좋아하는'이라는 의미로 'What is your favorite~?'은 상대방이 가장 좋아하는 것이 무엇인지 물어볼 때 사용하는 표현입니다.

유형 3 Where

의문문에 알맞은 응답 찾기

Where로 시작하는 질문을 듣고
보기 중에서 가장 적절한 대답을 찾는 유형입니다.

위치 또는 장소를 묻는 질문이므로
'in + 장소', 'here', 'there'과 같은 표현을 써서
장소나 위치를 알려주는 대답이 가장 일반적입니다.

Step 1. Example

Track B-29

Q

'Where' 어디에서 'you' 너는 'get' 타니 'bus' 버스를?

Boy: Where do you get on the bus?

Girl: ______________________

(A) Right here.

(B) Great idea.

(C) No problem.

해석

소년: 너는 어디에서 버스를 타니?

소녀: ______________________

(A) 바로 여기야.

(B) 좋은 생각이야.

(C) 문제 없어.

풀이 정답 (A)

Where로 시작하여 위치를 묻고 있는 질문입니다. "Where do you get on the bus?"(너는 어디에서 버스를 타니?)라는 질문에 "Right here."(바로 여기.)라고 대답한 (A)가 정답입니다.

Aa 어휘 n **problem** 문제 n **bus** 버스 n **idea** 생각

함께 알아두면 좋을 표현

*** Get on + 교통수단**

'take'와 마찬가지로 'get on + 교통수단' 은'~(교통수단)을 타다'라는 의미를 가집니다.

ex I get on a **train.** 나는 기차를 탄다 | Get on a **bus.** 버스를 타라.

Step 2. Pattern Practice

Track B-30

Q 2020 기출 정답률 80.21%

Girl: Where is Mr. Garcia?

Boy: ______________________

(A) He's in the office.

(B) He's 30 years old.

(C) He's my uncle.

해석

소녀: Garcia 씨는 어디에 있나요?

소년: ______________

(A) 그는 사무실에 있어.

(B) 그는 30살이야.

(C) 그는 나의 삼촌이야.

풀이 정답 (A)

'Where'로 시작하여 Garcia의 위치를 묻고 있는 질문입니다. 'Garcia 씨는 어디에 있냐'는 질문에 대해 '그는 사무실에 있어.'(He's in the office.)라고 대답한 (A)가 정답입니다.

Aa 어휘 n **office** 사무실 n **uncle** 삼촌

함께 알아두면 좋을 표현

*** Where 의문사로 질문에 대한 대답의 종류**

Where 의문문에 대해 '위치/장소'나 '사람'으로 대답할 수 있습니다.

ex **위치/장소로 답변 Q :** Where is my watch? **A :** I put it **on the table.** / **In the living room.**
사람으로 답변 Q : Where is my textbook? **A :** I saw **Jerry** using it.

Track B-31

Tip 질문의 맨 처음에 어떤 의문사가 나오는지 잘 들어보세요.

Q

'Where' 어디에서 'you' 너는 'put' 놔두다 'socks' 양말

Boy: Where did you put your socks?

Girl: ______________________

(A) In an hour.

(B) On Maple Street.

(C) In the laundry room.

해석

소년: 양말을 어디에 놔두었니?

소녀: ______________________

(A) 한 시간 후에.

(B) Maple 가에.

(C) 세탁실 안에.

풀이 정답 (C)

'Where'로 시작하여 장소를 묻고 있는 질문입니다. '양말을 어디에 두었는지'를 물어보는 질문에 대해 '세탁실 안'이라고 대답한 (C)가 정답입니다.

Aa 어휘

v	**put**	두다
n	**socks**	양말
n	**hour**	시간
n	**street**	거리
n	**laundry room**	세탁실

함께 알아두면 좋을 표현

＊ When vs. Where

When과 Where의 발음이 비슷하여 의문사를 혼동할 수 있으니 주의하세요.

ex **Q : Where** do you go? 너 어디에 가니?

A : I go to the movies. 나는 영화 보러 가. **(O)** / **A :** Every Monday. 매 월요일마다. **(X)**

Step 3. Practice Test

Q1

Girl: Where can I find room 27?

Boy: ____________________

(A) For two days.

(B) It's on the second floor.

(C) He's in the bedroom.

Q2

Boy: Where are the cats?

Girl: ____________________

(A) It's true.

(B) They are here.

(C) It's mine.

토셀쌤의 문제 풀이 Tip!

Where 의문문에 대한 대답으로 **'in + 장소'**나 '여기'라는 뜻으로 가까운 위치를 가리킬 때의 **'here'**, 'here'보다 먼 위치를 가리킬 때의 **'there'**을 사용하여 장소나 위치를 알려주는 것이 가장 일반적입니다.

Q3 2019 기출 정답률 **90.86%**

Girl: Where is Jinny?

Boy: ______________________________

(A) She's my sister.

(B) She's 6 years old.

(C) She's in the bathroom.

Q4

Boy: Where can I buy an umbrella?

Girl: ______________________________

(A) By Friday.

(B) No, he can't do that.

(C) Try the department store.

함께 알아두면 좋을 표현

∗ Try + 특정 장소

Try 뒤에 특정 장소가 온다면 이는 '~을 시도해 보아라/가 봐라'는 뜻입니다.

ex **Q :** Where can I buy this snack? 어디서 이 과자를 살 수 있니?
A : Try the convenience store. 편의점에 가 봐.

유형 4 When
의문문에 알맞은 응답 찾기

When으로 시작하는 질문을 듣고
보기 중에서 가장 적절한 대답을 찾는 유형입니다.

특정한 날이 언제인지, 언제 무엇을 하는지 등을 물어보는 질문이 가장 많이 등장합니다.
시간이나 때를 나타내는 단어나 표현을 미리 공부해 놓으면
정답을 찾는데 도움이 될 것입니다.

Step 1. Example

Track B-33

Q

'When' 언제가 'concert' 콘서트니?

Girl: When is the concert?

Boy: ______________________

(A) For two days.

(B) At the park.

(C) On Monday.

해석

소녀: 콘서트는 언제니?

소년: ______________________

(A) 이틀 동안이야.

(B) 공원에서 해.

(C) 월요일에 해.

풀이 정답 (C)

When으로 시작하여 시간이나 때를 물을 때 사용하는 의문문입니다. "When is the concert?"(콘서트는 언제니?)라는 질문에 대해 "On Monday."(월요일에.)라고 대답한 (C)가 정답입니다.

Aa 어휘 n **concert** 콘서트 n **park** 공원 n **Monday** 월요일

헷갈리기 쉬운 표현 Tip!

*** 'When' 의문문에 대한 대답**

특정 시점을 묻는 When 의문문에 대해 'For + 기간'으로 대답할 수 없습니다.
'How long'(얼마나 오래)과 같이 기간을 물을 경우에 'For + 기간'으로 대답할 수 있습니다.

Step 2. Pattern Practice

Track B-34

Tip 의문사와 핵심어를 구분하여 잘 들어보세요.

Q

Boy: When does your school start?

Girl: ____________________

(A) My teacher greets me.

(B) My school starts in July.

(C) My school is far away.

해석

소년: 너희 학교 언제 시작하니?

소녀: ____________________

(A) 우리 선생님이 나를 맞이하셔.

(B) 우리 학교는 7월부터 시작해.

(C) 우리 학교는 멀어.

풀이 정답 (B)

When으로 시작하여 시간이나 때를 물을 때 사용하는 의문문입니다. '학교가 언제 시작하냐'는 질문에 대해 '7월부터 시작한다'고 대답한 (B)가 정답입니다.

Aa 어휘

n	**school**	학교	v	**start**	시작하다	n	**teacher**	선생님
v	**greet**	맞이하다	n	**July**	7월	phr	**far away**	멀리

함께 알아두면 좋을 표현

*** 시간 관련 대답 유형**

When 의문문에 대한 답변으로 가능한 시간 관련 대답 유형을 알아봅시다.

ex At 2 o'clock 2시 정각에 | In a minute 잠시 후에 | Two days ago 이틀 전에
Around 2 2시 즈음에 | Every week 매주마다 | Last month 지난 달에

Q

Girl: When is the final round?

Boy: ____________________

(A) On Sunday.

(B) At school.

(C) It's windy.

해석

소녀: 결승전은 언제니?

소년: ____________________

(A) 일요일에.

(B) 학교에서.

(C) 바람이 불어.

풀이 정답 (A)

When으로 시작하여 '결승전이 언제인지'를 묻고 있습니다. 이에 대한 답변으로 '일요일'이라고 대답한 (A)가 정답입니다.

Aa 어휘 n **Sunday** 일요일 adj **windy** 바람이 부는 n **round** 회, 라운드

함께 알아두면 좋을 표현

∗ 요일 앞에 쓰이는 전치사 'on'

어떤 요일인지 표현하고 싶을 때 해당 요일 앞에 전치사 'on'을 붙여 표현해야 합니다.

ex My birthday is **on Sunday.** 나의 생일은 일요일이다.

Step 3. Practice Test

Q1

Boy: When is your mom coming?

Girl: ______________________

(A) She said it's dangerous.

(B) She said around 9 PM.

(C) She said one is enough.

Q2

Girl: When do you eat dinner?

Boy: ______________________

(A) I want a salad.

(B) You're welcome.

(C) After piano class.

토셀샘의 문제 풀이 Tip!

'when'은 때를 묻는 표현으로 '언제'라는 의미를 갖고 있습니다. 따라서 질문에서 **'when'**이 나오면 그에 대한 대답은 대부분 날짜나 시간이 나와야 합니다.

Track B-36

Q3 2019 기출 정답률 85.15%

Girl: When is your birthday?

Boy: ____________________________

(A) On May 1st.

(B) On the right.

(C) On the table.

Q4

Girl: When is the homework due?

Boy: ____________________________

(A) Next Tuesday.

(B) For the final exam.

(C) Across the street.

함께 알아두면 좋을 표현

*** 주어 + said**

누군가가 한 말임을 나타날 때 '주어 + said'를 사용하고 'said' 뒤에는 말의 내용이 나옵니다.

ex **They said** goodbye. 그들은 잘가라고 말했다.

유형 5 Why

의문문에 알맞은 응답 찾기

Why로 시작하는 질문을 듣고 보기 중에서
가장 적절한 대답을 찾는 유형입니다.

Why는 이유를 묻는 의문사로 대답은 Because로 시작하기도 하지만
Because를 생략하고 이유만을 말할 수도 있습니다.
또는 'to+동사원형'으로 '~하기 위해서'라고 대답할 수도 있다는 것을 알아두어야 합니다.

Step 1. Example

Track B-37

Q

'Why' 왜 , 'sad' 슬프니?

Boy: Why are you so sad?

Girl: ______________________

(A) Her shirt is blue.

(B) My laptop is not working.

(C) Your bicycle is so big.

해석

소년: 너 왜 그렇게 슬퍼해?

소녀: ______________

(A) 그녀의 셔츠는 파란색이야.

(B) 내 노트북이 고장났어.

(C) 네 자전거는 참 크구나.

풀이 정답 (B)

Why로 시작하여 이유를 물을때 사용하는 의문문입니다. "Why are you so sad?"(너 왜 그렇게 슬퍼해?)라는 질문에 대한 대답으로 슬픈 이유가 드러나 있는 (B)가 정답입니다.

Aa 어휘

adj	**sad**	슬픈	n	**shirt**	셔츠	n	**blue**	파란색
n	**laptop**	노트북	adj	**working**	작동되는			

함께 알아두면 좋을 표현

*** Why don't you + 동사?**

'Why don't you + 동사?'는 이유를 묻는 질문이 아닌 제안하는 의문문 형태입니다.

ex **Why don't you try** that? 한 번 해보는 게 어때?

Step 2. Pattern Practice

Track B-38

Q

Girl: Why do you look so tired?

Boy: ______________________

(A) I am going to eat sandwiches.

(B) Because I slept only 5 hours.

(C) Because she is pretty.

해석

소녀: 너 왜 피곤해 보이니?

소년: ______________

(A) 나는 샌드위치를 먹을 거야.

(B) 나는 5시간 밖에 못 잤기 때문이야.

(C) 그녀는 예쁘기 때문이야.

풀이 정답 (B)

Why do you로 시작하여 상대방이 '왜 피곤해 보이는지'를 묻고 있는 질문입니다. 피곤해 보이는 이유인 5시간 밖에 자지 못했다고 대답한 (B)가 정답입니다.

Aa 어휘

adj	**tired**	피곤한	n	**sandwiches**	샌드위치	v	**sleep**	자다
n	**hour**	시간	adj	**pretty**	예쁜			

헷갈리기 쉬운 표현 Tip!

∗ 미래시제의 be going to

미래시제인 will을 쓰기도 하지만 'be going to~'도 '~을 할 것이다'라는 의미로 사용됩니다.
to 뒤에는 동사원형이 온다는 사실도 함께 알아둡시다.

ex I am going to **eat** lunch. 나는 점심을 먹을 것이다.

Track B-39

Tip 의문사와 핵심어를 잘 들어보세요.

Q

Boy: Why does she look so sick?

Girl: ____________________

(A) I like your bike.

(B) Because she has a headache.

(C) She is not laughing.

해석

소년: 그녀는 왜 아파 보이니?

소녀: ____________________

(A) 나 너의 자전거가 마음에 들어.

(B) 그녀는 두통이 있기 때문이야.

(C) 그녀는 웃고 있지 않아.

풀이 정답 (B)

'Why does'로 시작하여 그녀가 왜 아파보이는지에 대한 이유를 묻고 있습니다. 이에 대해 because로 시작하며 '그녀가 두통이 있기 때문'이라는 이유를 말해준 (B)가 정답입니다.

Aa 어휘

adj **sick** 아픈 n **bike** 자전거 n **headache** 두통

v **laugh** 웃다

함께 알아두면 좋을 표현

*** look + 형용사**

'보다'라는 의미인 'look' 뒤에 형용사 단어가 올 경우, '~해 보이다'라는 의미로 주어의 현재 상태, 인상에 대한 판단을 의미하게 됩니다.

ex **He looks** young. 그는 어려 보인다. **She looks** angry. 그녀는 화나 보인다.

Step 3. Practice Test

Q1

Boy: Why is she yelling?

Girl: ______________________

(A) Because I am happy.

(B) Because she is angry.

(C) Because he is my art teacher.

Q2

Girl: Why are they looking at him?

Boy: ______________________

(A) I look at my bag.

(B) Because I am pretty.

(C) Because he is a famous actor.

토셀쌤의 문제 풀이 Tip!

질문의 주어와 대답의 주어가 일치하는지 확인해보세요!
예를 들어, ‘Why is she yelling?’의 주어는 ‘she(그녀)’이기 때문에
‘she’가 주어인 ‘Because she is angry.’가 정답이 될 수 있습니다.

Track B-40

Q3

Girl: Why are you eating so much?

Boy: ____________________________

(A) I eat pizza.

(B) I buy some food.

(C) I am very hungry now.

Q4

Girl: Why do they wear scary clothes?

Boy: ____________________________

(A) We are cooking spaghetti.

(B) My mom is wearing clothes.

(C) It is because today is Halloween.

함께 알아두면 좋을 표현

∗ because vs because of

'because'는 뒤에 문장이 함께 나오고, 'because of'는 명사가 함께 나오는 규칙이 있습니다.

ex She is smart **because** **she reads many books**. 그녀는 책을 많이 읽었기 때문에 똑똑하다.
I am sick **because of** **my work**. 내 일로 인해 나는 아프다.

유형 6 How

의문문에 알맞은 응답 찾기

How로 시작하는 질문을 듣고 보기 중에서
가장 적절한 대답을 찾는 유형입니다.

How는 방법, 정도, 상태, 기분 등을 물어보는데 사용되는 의문사로
다양한 주제로 문제가 나올 수 있으니 How와 그 뒤에 나오는 단어가 무엇인지 잘 듣고
답을 골라야 합니다.

Step 1. Example

Track B-41

Q

'How' 어떻게 'you' 너는 'go' 가니 'shcool' 학교에

Girl: How do you go to school?

Boy: ______________________

(A) I am fine.

(B) I lost my pen.

(C) I ride my bike.

해석

소녀: 너는 학교에 어떻게 가니?

소년: ________________

(A) 나는 괜찮아.

(B) 내 볼펜을 잃어버렸어.

(C) 나는 내 자전거를 타.

풀이 정답 (C)

How do~?로 시작하여 방법을 묻고 있습니다. "How do you go to school?"(넌 학교에 어떻게 가니?)라는 질문에 대해 "I ride my bike."(난 내 자전거를 타.)라고 하며 학교 가는 방법을 알려준 (C)가 정답입니다.

Aa 어휘

n	**school**	학교	n	**bike**	자전거	n	**pen**	볼펜
v	**ride**	타다	v	**lost** (lose의 과거형)	잃어버렸다			

함께 알아두면 좋을 표현

＊ 방향을 물어보는 질문에 대한 대답

길이나 방향을 물어보는 질문에 대답하는 표현을 알아봅시다.

ex Go + direction(right/left/straight) ~방향으로 가다 | Take + road name ~길로 가다
Turn + direction (right/left) ~방향으로 돌다 | Go past + place ~를 지나서 가다

Step 2. Pattern Practice

Track B-42

Q

Girl: How far is your store?

Boy: ______________________

(A) It is 5 minutes by bus.

(B) We close at 10 PM.

(C) She works there.

해석

소녀: 너희 가게는 얼마나 멀어?

소년: ______________________

(A) 버스로 5분 걸려.

(B) 우리는 오후 10시에 문 닫아.

(C) 그녀는 거기에서 일해.

풀이 정답 (A)

'How far'는 거리가 얼마나 떨어져 있는지 물어볼 때 사용하는 표현입니다. 가게가 얼마나 멀리 있는지 묻는 질문에 대해 버스로 5분 걸린다고 대답한 (A)가 정답입니다.

Aa 어휘

adv **far** 멀리　n **store** 가게　n **minute** (시간 단위의) 분

v **close** 닫다　v **work** 일하다

함께 알아두면 좋을 표현

＊ How + 형용사/부사

How 뒤에 오는 형용사/부사에 따라 나이, 수, 기간, 빈도 등을 질문할 수 있습니다.

ex **How old** are you? 너는 나이가 몇 살이니?

How long was the lesson? 수업은 얼마나 오래 걸렸니?

Track B-43

Tip How 다음에 어떤 표현이 나오는지 집중해보세요.

Q

Boy: How do you like your new bicycle?

Girl: ______________________

(A) I'm not sure yet.

(B) I bought it yesterday.

(C) I like riding a rollercoaster.

해석

소년: 새 자전거 어때?

소녀: ______________________

(A) 아직 잘 모르겠어.

(B) 나는 그걸 어제 샀어.

(C) 나는 롤러코스터 타는 걸 좋아해.

풀이 정답 (A)

'How do you like~?'는 '~는 어떠니?'라는 뜻으로 상대방의 의견을 물어볼 때 쓰는 의문문입니다. '새 자전거가 어떤지' 의견을 물어보는 질문에 대해 '아직 잘 모르겠다'라고 대답한 (A)가 정답입니다.

Aa 어휘

adj **new** 새로운　n **bicycle** 자전거　v **ride** 타다

adv **yet** 아직　v **bought** (buy의 과거형) 샀다

n **yesterday** 어제

함께 알아두면 좋을 표현

＊ How do you like~?

How do you like~? 는 의견을 물어볼 때 쓰이는 표현입니다.

ex How **do you like** your new friend? 새 친구는 맘에 드니?
How **do you like** this present? 이 선물은 맘에 드니?

Step 3. Practice Test

Q1 2020 기출 정답률 **64.62%**

Girl: How are the cookies?

Boy: ______________________________

(A) Not that far.

(B) Very delicious.

(C) About 10 of them.

Q2

Boy: How old is your brother?

Girl: ______________________________

(A) He is doing well.

(B) He is five years old.

(C) He is drinking juice.

토셀쌤의 문제 풀이 Tip!

How는 뒤에 오는 단어에 따라 방법, 정도, 상태, 기분 등 다양한 주제로 활용할 수 있는 의문사이니 **How와 그 뒤에 나오는 단어가 무엇인지** 잘 듣고 답을 고르도록 합시다!

Q3

Girl: How much are these strawberries?

Boy: ______________________

(A) They are red.

(B) They are small.

(C) They are ten dollars.

Q4

Boy: How can I get to the post office?

Girl: ______________________

(A) Ben helped me out.

(B) By express mail.

(C) Turn right at the corner.

함께 알아두면 좋을 표현

＊ How much + be동사

How 뒤에 'much'가 올 경우, '얼마', 어느 정도'의 의미로 가격을 물어보는 표현입니다.

ex **How much** is the scarf? 그 스카프는 얼마에요?
How much are these tomatoes? 이 토마토들은 얼마에요?

유형 7 Yes/No
의문문에 알맞은 응답 찾기

Yes/No로 답하는 의문문을 듣고 보기 중에서
가장 적절한 대답을 찾는 유형입니다.

Yes/No로 답하는 의문문의 종류로는 Do/Does로 시작하는 일반동사 의문문, be동사로 시작하는 의문문, 그리고 조동사로 시작하는 의문문 등이 있으니 전체적인 내용을 정확하게 이해해 알맞은 정답을 찾도록 합시다.

Step 1. Example

Track B-45

Q

'cold' 춥니 'outside' 밖에?

Girl: Is it cold outside?

Boy: ____________________

(A) Yes, bring a coat.

(B) Yes, the drink is cold.

(C) Yes, it is dark outside.

해석

소녀: 밖에 춥니?

소년: ____________________

(A) 응, 코트 가지고 와.

(B) 응, 그 음료수는 차가워.

(C) 응, 밖이 캄캄해.

풀이 정답 (A)

날씨에 대해 묻는 질문입니다. "Is it cold outside?"(밖에 춥니?)라는 질문에 대해 직접적으로 날씨에 대해 대답하는 대신 "Yes, bring a coat."(응, 코트 가지고 와.)라고 말하며 춥다는 표현을 코트를 가져 오라는 말로 간접적으로 표현하고 있는 (A)가 정답입니다.

Aa 어휘

adj	**cold**	추운	n	**outside**	밖	n	**coat**	코트
n	**drink**	음료수	adj	**dark**	어두운			

토셀쌤의 문제 풀이 Tip!

Yes/No로 답하는 질문에 직접적으로 대답할 수도 있지만,
위 문제처럼 **간접적**으로 돌려 대답할 수 있다는 것을 알아야 합니다.

Step 2. Pattern Practice

Track B-46

Q

Boy: Can you come to the game?

Girl: ______________________

(A) It is broken.

(B) Yes, I want to eat more.

(C) No, I have to do my homework.

해석

소년: 너 경기에 올 수 있어?

소녀: ______________________

(A) 그것은 고장났어.

(B) 응, 난 더 먹고 싶어.

(C) 아니, 난 숙제 해야 해.

풀이 정답 (C)

'Can you~?'로 시작하여 상대방이 할 수 있는지 없는지를 물어보는 질문입니다. 경기에 올 수 있냐는 질문에 '아니, 못 간다'는 말을 '아니, 나 숙제해야 해'라고 간접적으로 표현하고 있는 (C)가 정답입니다.

Aa 어휘 n **game** 경기 adj **broken** 고장난 n **homework** 숙제

함께 알아두면 좋을 표현

*** Yes/No를 생략하는 대답**

질문에 대한 대답으로 Yes 또는 No를 생략하고 내용으로만 답하는 표현도 있습니다.

ex **Q** : Are you going to the concert? **A** : Yes, I'm going there with my parents.(O)

Q : Are you going to the concert? **A** : I'm going there with my parents.(O)

Track B-47

Q

Girl: Does he like playing football?

Boy: ____________________

(A) No, he likes swimming.

(B) No, I don't.

(C) Sure, they like it a lot.

해석

소녀: 그는 축구하는 것을 좋아하니?

소녀: ____________________

(A) 아니, 그는 수영을 좋아해.

(B) 아니, 나는 아니야.

(C) 물론, 그들은 그걸 아주 좋아해.

풀이 정답 (A)

주어가 누구인지 잘 파악하고 답을 해야 합니다. "Does he like playing football?"(그는 축구하는 것을 좋아하니?)라는 질문에 대해 주어를 맞추어서 "No, he likes swimming."(아니, 그는 수영을 좋아해.)라고 대답한 (A)가 정답입니다.

Aa 어휘 v **like** 좋아하다 n **football** 축구 n **swimming** 수영

토셀쌤의 문제 풀이 Tip!

*** 질문의 주어와 대답의 주어의 일치**

질문에서 주어가 무엇인지 잘 듣고 알맞은 주어가 있는 답을 골라야 합니다.

ex Q : Do **you** like cookies? 너는 쿠키를 좋아하니?

A : Yes, **I** do. 응, 나는 좋아해.(O) A : Yes, **they** do. 응, 그들은 좋아해.(X)

Step 3. Practice Test

Q1

Boy: Can I open the window?

Girl: ______________________________

(A) Sure, go ahead.

(B) Yes, I am.

(C) No, it's yours.

Q2

Girl: Do you have a question?

Boy: ______________________________

(A) No, I'm fine.

(B) Yes, you can.

(C) No, she's here.

토셀쌤의 문제 풀이 Tip!

대답을 직접적으로 할 수도 있고 간접적으로도 할 수 있다는 것을 알아야 합니다. 예를 들어, "Can you come to the party?"(파티에 올 수 있니?)에 대해 "No, I can't."(아니, 난 못가.)라고 **직접적**으로 대답할 수도 있고, "No, I have other plans."(아니, 난 다른 계획이 있어.)라고 **간접적**으로 돌려 말할 수도 있습니다.

Q3

Boy: Can I use your red pencil?

Girl: ______________________

(A) Yes, of course.

(B) No, I'm not.

(C) Yes, I like red ones.

Q4

2020 기출 | 정답률 **85.27%**

Boy: Is it raining?

Girl: ______________________

(A) No, it's raining.

(B) No, it can't run.

(C) No, but it's windy.

함께 알아두면 좋을 표현

*** 허락을 구하는 질문에 대한 대답**

'Can I~'로 시작하는 허락을 구하는 의문문에 대한 대답을 알아봅시다.

ex Yes, of course. 그래, 당연하지. | Sure, go ahead. 물론이지, 그렇게 해.
Yes, no problem. 그래, 문제 없어. | Yes, you can. 그래, 그래도 돼.

유형 8

평서문/명령문에 알맞은 응답 찾기

평서문 또는 명령문을 듣고 보기 중에서
가장 적절한 대답을 찾는 유형입니다.

의문문으로 질문하는 것이 아니라 여러 상황에 대해 말하는 것이므로
전체 문장과 세부사항을 종합적으로 이해해야 알맞은 대답을 고를 수 있습니다.

Step 1. Example

Track B-49

Q

'I can clean' 내가 청소할게 'bathroom' 화장실을

Boy: I can clean the bathroom.

Girl: ____________________

(A) The food is cold.

(B) Your spoon is here.

(C) I am going to do the dishes.

해석

소년: 내가 화장실 청소를 할게.

소녀: ____________________

(A) 그 음식이 차가워.

(B) 네 숟가락은 여기 있어.

(C) 난 설거지를 할게.

풀이 정답 (C)

평서문으로"내가 화장실 청소를 할게."라고 말하고 있습니다. 이에 대해 "(네가 화장실 청소를 하니까) 나는 설거지를 할게."라고 대답한 (C)가 정답입니다.

Aa 어휘

v	**clean**	청소하다	n	**bathroom**	화장실	n	**food**	음식
adj	**cold**	차가운	n	**spoon**	숟가락	adv	**here**	여기에

토셀쌤의 문제 풀이 Tip!

＊ 상황/사실을 설명할 때의 평서문

평서문은 의문문은 아니지만 상황을 설명함으로써 상대방에게 대답을 구하기도 합니다.

ex **Q :** The computer stopped working. 컴퓨터가 작동이 멈췄어.
A : You'd better talk to your sister. 언니한테 물어보는 게 좋겠어.

Step 2. Pattern Practice

Track B-50

Tip 상황을 잘 이해하고 답을 골라보세요.

Q

Girl: You must wash your hands.

Boy: ______________________

(A) I left it at home.

(B) I will do that now.

(C) He will arrive soon.

해석

소녀: 너는 반드시 손을 씻어야 해.

소년: ____________________

(A) 그것을 집에 놓고 왔어.

(B) 지금 그렇게 할게.

(C) 그는 곧 도착할 거야.

풀이 정답 (B)

'must'를 사용하여 '반드시 무엇을 해야한다'고 말하고 있습니다. 반드시 손을 씻어야 한다는 말에 대한 대답으로 '지금 그렇게 할게.'라고 대답한 (B)가 정답입니다.

Aa 어휘

v **wash** 씻다
n **hands** 손
n **home** 집
v **arrive** 도착하다
adv **soon** 곧

함께 알아두면 좋을 표현

*** 명령문 표현**

상대방에게 행동을 지시하는 표현인 명령문을 알아보도록 합시다.

ex **동사원형** **Help** me with the homework. 숙제하는 것을 도와주세요.
You must + 동사원형 **You must read** it. 너는 그것을 읽어야 한다.

Track B-51

Tip 무엇에 관한 말인지 잘 들어보세요.

Q

Boy: These are my new gloves.

Girl: ____________________

(A) They look very warm.

(B) They must be cold.

(C) They are playing baseball.

해석

소년: 이건 내 새 장갑이야.

소녀: ____________________

(A) 따뜻해 보인다.

(B) 그들은 추울 거야.

(C) 그들은 야구를 하고 있어.

풀이 정답 (A)

평서문으로 '이건 내 새 장갑이야.'라고 상대방에게 말하고 있습니다. 이에 대한 대답으로 그 장갑이 '따뜻해 보인다.'라고 대답한 (A)가 정답입니다.

Aa 어휘

adj **new** 새로운 · n **gloves** 장갑 · adj **warm** 따뜻한

adj **cold** 추운 · n **baseball** 야구

함께 알아두면 좋을 표현

＊ 확실한 추측을 나타내는 'must'

'must + 동사원형'은 명령의 의미뿐만 아니라 '~임이 틀림없다'는 의미로 쓰이며 주어에 대한 확실한 추측을 나타냅니다.

ex She **must be** hungry. 그녀는 배고픈 것이 틀림없다.

Step 3. Practice Test

Q1

Girl: Let's go to the gym!

Boy: ____________________________

(A) No, next to the bed.

(B) Yes, let's do that.

(C) Go all the way to the end.

Q2

Boy: Let's go buy some food.

Girl: ____________________________

(A) Sounds good.

(B) Nothing much.

(C) Long time no see.

토셀쌤의 문제 풀이 Tip!

단순히 '예/아니오 (Yes/No)'로 대답할 수 있는 의문문과 달리, 평서문의 대화는 질문의 상황을 파악하고 맥락에 맞는 대답을 찾아야 하기 때문에 대화의 **전체적인 상황을 이해함으로써 질문자의 의도를 파악**하는 능력이 필요합니다.

Q3

Girl: We're going to the market now.

Boy: ______________________

(A) How's it going?

(B) Can I go with you?

(C) Are you in the market?

Q4 2020 기출 정답률 **89.39%**

Boy: I'm going to the market.

Girl: ______________________

(A) I'm a doctor.

(B) I'll go with you.

(C) I don't like red.

헷갈리기 쉬운 표현 Tip!

*** How's it going?**

'How's it going?'은 '어떻게 지내니?'라는 의미로 상대방의 안부를 묻는 표현입니다.
'How's it going?'의 'going'은 '가다'의 의미가 아니니 해석할 때 주의하세요.

Part C Listen and Retell

Part C 유형설명

유형	세부 내용	지문 수
대화에 알맞은 그림 고르기	1. 인물, 동작	**각 유형이 골고루 출제됨**
	2. 날씨, 시간, 수	
	3. 사물, 동물, 음식	
이야기 듣고 질문에 답하기	1. 숫자 관련	
	2. 수수께끼	
	3. 일기/일상문	
	4. 묘사문	
총 7개 유형		**총 10문항**

DIRECTION

1. 11번부터 15번까지는 대화를 듣고, 주어진 질문에 가장 알맞은 그림을 고르는 문제입니다. 질문과 보기 세 개의 그림은 시험지에 주어지고, 문제는 두 번씩 들려줍니다.

2. 16번부터 20번까지는 이야기를 듣고, 주어진 질문에 가장 알맞은 답을 고르는 문제입니다. 질문과 보기 세 개는 시험지에 주어지고, 문제는 두 번씩 들려줍니다.

Part C 는 이렇게 준비하자!

❶ 그림 속 차이점을 파악하자.

Part C 11번부터 15번까지는 대화를 듣고, 주어진 질문에 가장 알맞은 그림을 고르는 문제입니다. 질문과 세 개의 그림이 시험지에 주어지니 우선 질문에서 무엇을 물어보는지, 그리고 세 그림의 차이점이 무엇인지를 파악하고 준비된 상태에서 대화를 듣는다면 더 효과적으로 정답을 고를 수 있습니다.

❷ 질문이 요구하는 답을 찾아나가자.

Part C 16번부터 20번까지는 이야기를 듣고, 주어진 질문에 가장 알맞은 답을 찾는 문제입니다. 시험지에서는 질문과 세 개의 보기가 주어지니 우선 질문을 확인 할 수 있습니다. 이야기를 듣기 전 질문을 보고 어떤 것을 물어보는지 확인하여 동그라미나 밑줄로 표시를 해둔다면 이야기 전개를 놓치지 않고 정답을 맞출 수 있을 것입니다.

VOCA

n	**spoon**	숟가락
n	**knife**	칼
n	**fork**	포크 
n	**dolphin**	돌고래
n	**baseball**	야구
adj	**careful**	조심스러운
n	**tennis**	테니스
n	**butterfly**	나비 

n	**raincoat**	우비 
n	**price tag**	가격표
n	**weather**	날씨
n	**bench**	벤치 
n	**mango**	망고
n	**peach**	복숭아 
n	**Saturday**	토요일
v	**hurt**	아프다

유형 1 인물, 동작

대화에 알맞은 그림 고르기

인물의 동작이나 상태에 관한 짧은 대화를 듣고
주어진 질문에 대해 가장 알맞은 그림을 고르는 유형입니다.

먼저 세 개의 그림을 보고 특징을 구분한 뒤 주어진 질문을 이해해야 합니다.
그 다음 대화 속 내용을 듣고 어떤 동작 또는 상태를 이야기하는지를 파악한 후
가장 알맞은 그림을 고르면 됩니다.

지금 자신이 어떤 동작을 하고 있고
어떤 기분인지 영어로 표현해 볼까요?

☐	**happy**	행복한
☐	**excited**	신이 난
☐	**sad**	슬픈
☐	**sick**	아픈
☐	**surprised**	놀란
☐	**angry**	화가 난
☐	**scared**	무서운

Step 1. Example

Track C-53

Q

Boy: How are you?

Girl: I am sick.

Q How is the girl? 'How is' 어떤가 'girl' 소녀는

(A) (B) (C)

해석

소년: 너 어때?

소녀: 나 아파.

질문: 소녀의 상태는 어떤가?

어휘

adj **sick** 아픈

풀이 정답 (C)

세 그림을 먼저 보면 소녀가 각기 다른 상태를 표현하고 있으므로 대화와 질문에서 소녀가 어떤 상태를 말하고 있는지를 잘 이해해야 합니다. 주어진 질문에서는 소녀가 어떤지를 물어보고 있고, 대화에서 소녀는 "I am sick."(나 아파.)라고 했으므로 (C)가 정답입니다.

TIP

주로 인사말로 쓰이는 **"How are you?"**는 **"잘 지내니?", "어떻게 지내?"**라는 의미로 **현재 상대방의 상태가 어떤지** 물어보는 표현입니다.

Step 2. Pattern Practice

Track C-54

Tip 동작 묘사에 귀 기울여 보세요!

Q

Girl: What are they doing?

Boy: They are doing the dishes.

Q What are they doing?

(A)

(B)

(C)

해석

소녀: 그들은 무엇을 하고 있니?

소년: 그들은 설거지 하는 중이야.

질문: 그들은 무엇을 하고 있는가?

풀이 정답 (B)

세 그림을 보면 모두 소녀와 소년이 있고, 서로 다른 동작을 하고 있기 때문에 대화에서 동작이 무엇인지를 잘 들어야 합니다. 주어진 질문에서는 그들이 무엇을 하는지를 묻고 있고, 이에 대한 대답으로 'doing the dishes'(설거지를 하고 있다)라고 했으므로 (B)가 정답입니다.

TIP

'do the dishes'(설거지 하다)와 같은 집안일 관련 표현들을 미리 알아두면 좋습니다.

ex water the flowers 꽃에 물을 주다 | do the laundry 빨래를 하다 | set the table 식탁을 차리다

Tip 질문이 소년에 관한 것인가요, 소녀에 관한 것인가요?

Q

Boy: I love reading books.

Girl: I love playing the violin.

Q What does the girl like to do?

(A)

(B)

(C)

해석

소년: 난 책 읽기를 좋아해.
소녀: 난 바이올린 연주를 좋아해.
질문: 소녀가 무엇을 하는 것을 좋아하는가?

Aa 어휘

v	**read**	읽다
n	**book**	책
n	**violin**	바이올린

풀이 정답 (A)

세 그림을 보면 소녀가 각기 다른 동작을 하고 있으므로 소녀의 동작을 묘사하는 표현을 잘 들어야 합니다. 소년이 책 읽기를 좋아한다고 하였고, 소녀는 바이올린 연주를 좋아한다고 했으므로 (A)가 정답입니다.

TIP

'play'라는 단어는 문맥에 따라 여러 의미를 가지고 있다는 것을 알아두세요.

ex play the piano 피아노를 연주하다 | play games 게임을 하다 | play soccer 축구를 하다

Step 3. Practice Test

Q1

(A) (B) (C)

Q2

(A) (B) (C)

함께 알아두면 좋을 단어

＊ 취미와 관련된 단어들

문제에 자주 출제되는 취미 생활과 관련된 단어들을 알아둡시다.

ex read a book 책을 읽다 | listen to music 음악을 듣다 | dance 춤을 추다
play soccer 축구를 하다 | watch a movie 영화를 보다 | swim 수영을 하다

Track C-56

Q3

(A)

(B)

(C)

Q4

(A)

(B)

(C)

토셀쌤의 문제 풀이 Tip!

세 개의 그림에 두 가지 이상의 것들이 있을때는 **공통점을 찾아보는 것**이 도움이 됩니다. 예를 들어 세 개의 그림 모두 사물 하나와 동물 하나일 경우 어떤 사물과 어떤 동물의 이름이 나올지 하나씩 듣고 시험지에 있는 선택지에 표시해 둡시다.

유형 2 날씨, 시간, 수

대화에 알맞은 그림 고르기

날씨, 시간, 수와 관련된 짧은 대화를 듣고
주어진 질문에 대해 가장 알맞은 그림을 고르는 유형입니다.

특히 대화에서 날씨, 시간, 수와 관련된 정보를 정확히 듣는 것이 가장 중요합니다.

지금 날씨와 시간을 영어로 표현해볼까요?

시간 표현

9:00 AM **It's nine AM.**
오전 9시입니다.

11:30 AM **It's eleven thirty AM.**
오전 11시 30분입니다.

날씨 표현

☐	**cold**	추운
☐	**warm**	따뜻한
☐	**hot**	더운
☐	**cloudy**	구름 낀
☐	**foggy**	안개 낀

Step 1. Example

Track C-57

Q

Girl: Do you play baseball?

Boy: Yes. I have two balls and a bat.

Q **What does the boy have?** 'What' 무엇을 'the boy' 소년은 'have' 가지고 있니

(A) (B) (C)

해석

소녀: 너 야구 하니?

소년: 응. 나는 공 두 개랑 방망이 하나를 가지고 있어.

질문: 소년이 가지고 있는 것은 무엇인가?

Aa 어휘

n	**bat**	방망이
n	**baseball**	야구

풀이 정답 (B)

그림을 살펴보면 각기 다른 개수의 야구공과 방망이가 있습니다. 따라서 대화에서 숫자에 대해 이야기할 것을 예측하여 공과 방망이의 개수를 귀 기울여 들어야 합니다. 질문에서 소년이 가진 것을 묻고 있고, 대화에서 소년은 'two balls and a bat(두 개의 공과 하나의 방망이)'라고 했으므로 정답은 (B)입니다.

TIP

여러가지 사물이나 동물이 나올 때 각기의 수를 헷갈릴 수 있기 때문에 중요한 내용을 시험지에 **적어놓는** 것이 도움이 됩니다.

Step 2. Pattern Practice

Track C-58

Tip 사계절을 영어로 표현하는 방법을 알아둡시다!

Q

Boy: What is your favorite season?

Girl: I like winter.

Q What is the girl's favorite season?

(A)

(B)

(C)

해석

소년: 가장 좋아하는 계절이 뭐니?

소녀: 나는 겨울이 좋아.

질문: 소녀가 가장 좋아하는 계절은 무엇인가?

Aa 어휘

adj	**favorite**	가장 좋아하는
n	**season**	계절
n	**winter**	겨울

풀이 정답 (A)

그림들의 특징을 살펴보면 각기 다른 날씨를 표현하고 있다는 것을 알 수 있습니다. 질문에서도 소녀가 가장 좋아하는 계절이 무엇인지를 묻고 있으므로 대화에서 어떤 계절인지를 잘 들어야 합니다. 소녀는 'winter(겨울)'이 가장 좋다고 했으므로 정답은 (A)입니다.

TIP

사계절을 영어 단어로 알아봅시다. 계절 앞에는 **전치사 'in'**을 붙인다는 것도 함께 알아둡시다.

- spring 봄 | summer 여름 | fall / autumn 가을 | winter 겨울

Track C-59

Tip 달력에 표시된 요일을 자세히 볼까요?

Q

Girl: Do you know when the class starts?

Boy: It is next Monday.

Q What day does the class start?

(A)

(B)

(C)

해석

소녀: 너 그 수업 언제 시작하는지 아니?

소년: 다음주 월요일이야.

질문: 수업은 무슨 요일에 시작하는가?

Aa 어휘

v	**know**	알다
n	**class**	수업
v	**start**	시작하다
adj	**next**	다음의

풀이 정답 (A)

세 그림에는 모두 달력이 있는데 각기 다른 요일에 동그라미가 그려져 있습니다. 따라서 어떤 요일을 말하는지 귀 기울여 들어야 합니다. 소녀가 소년에게 언제 수업을 시작하는지를 묻고 있고 소년은 'Monday'(월요일)라고 했으므로 정답은 (A)입니다.

TIP

요일을 영어 단어로 알아봅시다. 요일 앞에는 **전치사 'on'**을 붙인다는 것도 함께 알아둡시다.

- Sunday 일 | Monday 월 | Tuesday 화 | Wednesday 수 | Thursday 목 | Friday 금 | Saturday 토

Step 3. Practice Test

Q1

(A) (B) (C)

Q2

(A) (B) (C)

함께 알아두면 좋을 표현

＊ 가격과 관련된 표현들

문제 2번과 같이 'How much'(~얼마인가)는 어떤 물건의 값을 물어볼 때 쓸 수 있는 표현입니다.

ex Q : How much is that dress? A : It's 20 dollars.(O)
Q : How much are those apples? A : They are 10 dollars.(O)

Q3

(A)

(B)

(C)

Q4

(A)

(B)

(C)

토셀쌤의 문제 풀이 Tip!

문제에 나오는 세 개의 그림을 보면 **어떤 내용이 나올지 유추**할 수 있습니다. 지문을 잘 듣고 세 개의 그림 중 세부 내용과 가장 일치하는 그림을 찾아보도록 합시다.

유형 3 사물, 동물, 음식
대화에 알맞은 그림 고르기

사물, 동물, 음식과 관련된 짧은 대화를 듣고
주어진 질문에 대해 가장 알맞은 그림을 고르는 유형입니다.

특히 대화에서 사물, 동물 또는 음식의 이름을 정확히 듣는 것이 가장 중요합니다.

주변에 있는 사물들을 영어로 표현해봅시다!

주방(kitchen)

- [ ] **spoon** 숟가락
- [ ] **knife** 칼
- [ ] **tray** 쟁반

음식(food)

- [ ] **noodle** 국수
- [ ] **cookie** 쿠키
- [ ] **soda** 탄산음료

Step 1. Example

Track C-61

Q

Boy: Can I have a knife, please?

Girl: Here. Be careful with it.

Q What does the boy want? 'What' 무엇을 'the boy' 소년은 'want' 원하니

(A)

(B)

(C)

해석

소년: 칼 좀 줄래?

소녀: 여기 있어. 조심해.

질문: 소년은 무엇을 원하는가?

Aa 어휘

n **knife** 칼

adj **careful** 조심하는

풀이 정답 (A)

그림을 먼저 살펴보면 각기 다른 종류의 사물들이 보입니다. 따라서 대화에서 이 세 가지 중 어떤 사물을 말하는지 잘 들어야 합니다. 질문에서 소년이 원하는 것이 무엇인지 묻고있고, 대화에서 소년은 "Can I have a knife, please?"(칼 좀 줄래?)라고 소녀에게 요청하고 있으므로 '칼'(knife) 그림이 있는 (A)가 정답입니다.

함께 알아두면 좋을 표현

*** 주방과 관련된 표현**

주방(kitchen)에서 볼 수 있는 영어 단어들을 알아봅시다.

ex dish[plate] 접시 | cup 컵 | spoon 숟가락 | knife 칼 | fork 포크

chopsticks 젓가락 | cutting board 도마 | kettle 주전자 | tray 쟁반

Step 2. Pattern Practice

Track C-62

Tip 그림 속 동물들의 영어 이름을 하나씩 살펴볼까요?

Q

Girl: Where are you going?

Boy: I am going to see the dolphins.

Q Where is the boy going?

(A)

(B)

(C)

해석

소녀: 너 어디 가는 중이니?

소년: 난 돌고래들을 보러 갈 거야.

질문: 소년은 어디에 가는 중인가?

어휘

v	**see**	보다
n	**dolphin**	돌고래

풀이 정답 (B)

그림을 먼저 살펴보면, 세 그림 모두 한 남자가 각기 다른 동물과 함께 있는 것을 알 수 있습니다. 따라서 대화에서 이 세 동물 중 어떤 동물의 이름을 말하는지 잘 들어야 합니다. 질문에서 소년이 어디에 가는지를 묻고 있고, 대화에서 소년은 "I am going to see the dolphins."(난 돌고래들을 보러 갈 거야.)라고 말했으므로 '돌고래(dolphin)' 그림이 있는 (B)가 정답입니다.

TIP

TOSEL Starter 시험에는 동물이 자주 등장하므로 **동물의 이름**을 미리 알아두는 것이 문제 풀 때 도움이 됩니다.

***partA-unit1 영어 단어 목록 참고**

Track C-63

Tip 그림에 있는 음식 이름을 영어로 하나씩 떠올려보세요.

Q

Boy: What are you having for lunch?

Girl: I'm eating a hamburger and an apple.

Q What is the girl eating for lunch?

(A)

(B)

(C)

해석

소년: 넌 점심으로 뭘 먹니?

소녀: 난 햄버거와 사과를 먹어.

질문: 소녀는 점심으로 무엇을 먹는가?

어휘

v	**have**	먹다
v	**eat**	먹다
n	**lunch**	점심(식사)

풀이 정답 (A)

그림들을 먼저 살펴보면 각기 다른 종류의 음식들이 있습니다. 따라서 대화에서 어떤 음식을 말하는지 잘 들어야 합니다. 질문에서 소년이 소녀에게 점심 식사로 무엇을 먹는지 묻고 있고, 소녀는 'a hamburger and an apple'(햄버거와 사과)를 먹는다고 답했으므로 'a hamburger and an apple'(햄버거와 사과) 그림이 있는 (A)가 정답입니다.

TIP

위의 대화처럼 **'가지다'**라는 의미를 갖고 있는 **'have'**가 문맥에 따라 **'먹다'**, **'마시다'**의 의미로 쓰일 수 있다는 것을 알아두면 더 수월하게 해석할 수 있습니다.

Step 3. Practice Test

Q1

(A)

(B)

(C)

Q2

(A)

(B)

(C)

함께 알아두면 좋을 단어

＊ 다양한 종류의 디저트

디저트의 명칭을 알아봅시다.

ex biscuits 비스킷 | cakes 케이크 | cookies 쿠키 | custards 커스터드
ice creams 아이스크림 | pastries 페스츄리 | puddings 푸딩 | tarts 타르트

Track C-64

Q3

(A)

(B)

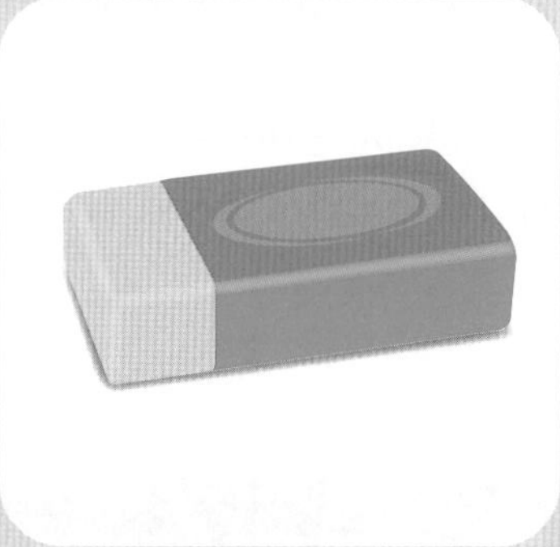

(C)

Q4

(A)

(B)

(C)

토셀쌤의 문제 풀이 Tip!

지문을 듣기 전 그림을 먼저 이해하는 것도 도움이 됩니다. 보기의 그림이 나타내는 동물 또는 사물의 영어 표현을 머릿속에 떠올려 보거나 적어두고 지문을 들으면 주요 단어가 더 잘 들릴 수 있습니다.

유형 1 숫자 관련

이야기 듣고 질문에 답하기

숫자와 관련된 이야기를 듣고 주어진 질문에 답하는 유형입니다.

먼저 질문에서 물어보는 것이 무엇인지를 정확히 이해한 후
이야기를 들으면서 숫자에 집중하여 정답을 찾아내야 합니다.

Part C Listen and Respond

Q

Girl: After school, Fred and Ana play tennis.
Fred has two tennis balls.
Ana has only one.
Ana wins the game.
Fred gives one ball to Ana.

Q How many balls does Fred have after the game?

(A) One
(B) Two
(C) Three

Step 1. Example

Track C-65

해석 Text & Question

소녀: 방과 후에, Fred와 Ana는 테니스를 한다. Fred는 두 개의 테니스공을 가지고 있다. Ana는 하나밖에 없다. Ana가 게임을 이긴다. Fred가 Ana에게 공 하나를 준다.

질문: 게임 후에 Fred는 몇 개의 공을 가지고 있는가?

(A) 한 개

(B) 두 개

(C) 세 개

풀이 정답 (A)

먼저 시험지에 주어진 질문을 보면 Fred가 가지고 있는 공의 개수를 묻고 있습니다. 따라서 Fred가 가진 공의 개수를 정확히 들어야 합니다. 듣기에서 Fred는 처음에 2개의 공을 가졌지만 Ana에게 하나를 주었으므로 Fred가 가진 공의 개수는 한 개입니다. 따라서 정답은 (A)입니다.

Aa 어휘

n	**school**	학교	n	**tennis**	테니스	adj	**only**	오직
n	**ball**	공	v	**win**	이기다	v	**give**	주다

TIP

이야기를 듣기 전, 시험지에 주어진 질문을 빠르게 살펴보고 **어떠한 정보를 유의깊게 들어야 할지** 예측하는 것이 문제를 푸는 데에 도움이 됩니다.

Step 2. Pattern Practice

Q

Boy: Mino is at the park.
He sits on a bench.
There are five butterflies.
He catches two.
Mino catches them with a net.

Q How many butterflies does Mino catch?

(A) two
(B) three
(C) five

TIP

개수를 묻는 문제는 더하거나 빼는 등 계산을 해야하는 경우가 있을 수 있기 때문에 **계산할 것을 미리 예상**하고 듣는 것이 문제 푸는 데에 도움이 됩니다.

Track C-66

해석 Text & Question

소년: Mino는 공원에 있다. 그는 벤치에 앉는다.
다섯 마리의 나비가 있다.
그는 두 마리를 잡는다. Mino는 그물로 그것들을 잡는다.

질문: 몇 마리의 나비들을 Mino가 잡는가?

(A) 2
(B) 3
(C) 5

풀이 정답 (A)

"He catches two."에서 Mino가 두 마리의 나비를 잡는다는 것을 알 수 있습니다. 따라서 정답은 (A)입니다.

Aa 어휘

n	**park**	공원	n	**bench**	벤치	n	**butterfly**	나비
v	**sit**	앉다	v	**catch**	잡다	n	**net**	그물

Step 3. Practice Test

Q1

How many pens does the girl have?

(A) two
(B) three
(C) four

Q2

How many candies does Sam have?

(A) one
(B) two
(C) three

토셀쌤의 문제 풀이 Tip!

숫자 유형에서는 다양한 숫자들이 등장하며 문제에서 제시하는 숫자의 정보를 정확하게 찾아야 하기 때문에 지문을 들으며 들리는 숫자와 핵심 단어를 적어놓는 것이 도움이 됩니다. 정보를 정확히 받아 적으며 정답을 잘 찾도록 합시다.

Track C-67

Q3

How many bananas are left in the basket?

(A) three
(B) four
(C) nine

Q4

How many erasers does Maria have now?

(A) one
(B) three
(C) five

최신 기출 경향

시험 문제에서 두 명 이상의 인물이 등장하며 각 인물의 수 정보가 나오는 경우가 많습니다. 문제에서 물어보는 인물은 한 명일테니, **문제를 먼저 읽어보고 문제에서 어떤 인물에 대해 묻고 있는지**를 먼저 파악해보세요.

유형 2 수수께끼

이야기 듣고 질문에 답하기

인물, 동물, 사물에 대해 묘사하는 이야기를 듣고
묘사되고 있는 대상이 무엇인지를 찾는 유형입니다.

마치 수수께끼를 푸는 것과 같이 나열된 특징들을 종합적으로
이해한 후 답을 찾아내는 것입니다.

Part C Listen and Respond

Q

Boy: What am I?
I live in the sea and on the beach.
I walk left to right.
I have many legs and they are sharp!

Q What am I?

(A) bird
(B) crab
(C) seal

Step 1. Example

Track C-68

해석 Text & Question

소년: 나는 누구일까? 나는 바다 안 그리고 해변 위에 산다.
나는 왼쪽에서 오른쪽으로 걷는다. 나는 다리가 많고 날카롭다!

질문: 나는 누구일까?

(A) 새
(B) 게
(C) 물개

풀이 정답 (B)

질문은 내가 누구인지를 묻고 있습니다. “I live in the sea and on the beach.”(난 바닷속과 해변 위에 산다.), “I walk left to right”(난 왼쪽에서 오른쪽으로 걷는다.), “I have many legs and they are sharp”(난 다리가 많고 그것들은 날카롭다.)라는 묘사를 보았을 때 ‘게’라는 것을 알 수 있습니다. 따라서 정답은 (B)입니다.

Aa 어휘

n	**sea**	바다	n	**beach**	해변	n	**left**	왼쪽
n	**leg**	다리	adj	**sharp**	날카로운	n	**right**	오른쪽

TIP

위 문제에서 특징들을 바탕으로 대상을 유추한 것처럼 어떤 대상을 묘사하는 특징 하나하나를 나타내는 영어 단어를 알고 종합적으로 분석하는 능력이 필요합니다.

Step 2. Pattern Practice

Q

Girl: What am I?

I am hot and only come out during the day.

At night, you cannot see me.

I am very bright and can make you feel warm.

Q What am I?

(A) sun

(B) moon

(C) rain

TIP

이야기를 듣기 전, 보기를 먼저 살펴보고 듣기에서 묘사되는 특징이 **보기의 어떤 대상과 더 가까운지** 비교하면서 들으면 더 수월하게 답을 고를 수 있습니다.

Track C-69

해석 Text & Question

소녀: 나는 누구일까?

나는 뜨겁고 낮에만 나타난다. 밤에는, 나를 볼 수 없다.

나는 매우 밝고 따뜻함을 느낄 수 있게 해준다.

질문: 나는 누구일까?

(A) 해

(B) 달

(C) 비

풀이 정답 (A)

질문은 내가 누구인지를 묻고 있습니다. "I am hot and only come out during the day." (난 뜨겁고, 낮에만 나타난다.), "I am very bright and can make you feel warm."(난 매우 밝고, 너를 따뜻하게 해준다)는 내용으로 보아 묘사되는 대상이 '해'인 것을 알 수 있습니다. 따라서 정답은 (A)입니다.

Aa 어휘

adj	**hot**	뜨거운	adv	**only**	오직	v	**come out**	나오다
n	**day**	낮	n	**night**	밤	prep	**during**	~동안
adj	**warm**	따뜻한	v	**feel**	느끼다	adj	**bright**	밝은

Step 3. Practice Test

Q1

What am I?

(A) bag
(B) door
(C) lamp

Q2

What am I?

(A) cello
(B) drum
(C) piano

토셀샘의 문제 풀이 Tip!

사물에 관련된 수수께끼가 나올 때는 사물의 생김새에 대한 힌트를 들을 수 있습니다. 사물의 생김새에 대한 다양한 단어들을 미리 숙지 해놓는다면 수수께끼의 답을 빠르게 파악할 수 있습니다.

ex round 둥근 | large 큰 | tiny 작은 | flat 납작한 | sharp 날카로운

Q3 2020 기출 정답률 **82.42%**

What am I?

(A) a ball
(B) a rope
(C) a stick

Q4

What am I?

(A) a pen
(B) glasses
(C) an umbrella

최신 기출 경향

수수께끼 유형에는 우리 주변에서 쉽게 찾을 수 있거나 우리와 친숙한 사물들이 자주 등장합니다. 평소에 **주변 사물들의 묘사를 영어 단어로 표현**해보는 것도 이 유형과 친숙해질 수 있는 방법 중 하나입니다.

유형 3 일기/일상문

이야기 듣고 질문에 답하기

일기나 일상문을 읽고 주어진 질문에
알맞은 답을 찾는 유형입니다.

일기나 일상문은 우리가 많이 접하는 상황들이기 때문에
어렵지 않으니 실수하지 않도록 꼼꼼히 푸는 것이 중요합니다.

Part C Listen and Respond

Q

Girl: My class is busy today. We have a class fair.
At the fair, we sell toys and books.
I sell my old robot.
My friend Elia buys my robot. I buy two books.

Q What does Elia buy?

(A) a robot
(B) two books
(C) three pencils

Step 1. Example

Track C-71

해석 Text & Question

소녀: 우리 반은 오늘 바쁘다. 우리는 반 축제가 있다.
축제에서, 우리는 장난감과 책을 판다.
나는 내 오래된 로봇을 판다.
내 친구 Elia가 내 로봇을 산다. 나는 책 두 권을 산다.

질문: Elia는 무엇을 사는가?

(A) 로봇
(B) 책 두 권
(C) 연필 세 자루

풀이 정답 (A)

질문에서 Elia가 무엇을 사는지 묻고 있습니다. 지문에서 "My friend Elia buys my robot." (나의 친구 Elia는 나의 로봇을 산다)'고 하였습니다. 따라서 정답은 (A)입니다.

Aa 어휘

v	**class**	학급	adj	**busy**	바쁜	n	**today**	오늘
n	**fair**	축제	n	**toy**	장난감	v	**sell**	팔다
adj	**old**	오래된	v	**buy**	사다			

TIP

해당 유형은 주로 이야기에 나타난 **세부적인 정보를 묻기 때문에** 질문에서 물어보는 것이 무엇인지를 먼저 정확히 이해한 후 듣기 내용에서 그것을 찾아나가는 것이 도움이 될 수 있습니다.

Step 2. Pattern Practice

Q

Boy: Patrick loves pizza.
He really likes pizza with only cheese, but does not like veggie pizza.
His school has a pizza eating contest.
He wins the contest by eating 6 slices.

Q What kind of pizza does Patrick like?

(A) veggie
(B) cheese
(C) pineapple

TIP

듣기 중 **불규칙 과거형 동사**가 나올 경우, 정확히 해석할 수 있도록 **불규칙 과거형 동사**를 미리 알아둡시다.

ex eat - **ate** 먹다 | win - **won** 이기다 | swim - **swam** 수영하다 | go - **went** 가다 | read - **read** 읽다

Track C-72

해석 Text & Question

소년: Patrick은 피자를 좋아한다.
그는 치즈만 있는 피자를 정말 좋아하지만 채소 피자는 싫어한다.
그의 학교에 피자 먹기 대회가 있다.
그는 6조각을 먹어서 대회에서 우승을 한다.

질문: Patrick이 좋아하는 피자는 무엇인가?

(A) 채소
(B) 치즈
(C) 파인애플

풀이 정답 (B)

질문에서 Patrick이 좋아하는 피자의 종류를 묻고 있습니다. "He really likes pizza with only cheese but does not like veggie pizza."(그는 치즈만 있는 피자를 정말 좋아하지만 채소 피자는 싫어한다.)고 했습니다. 따라서 정답은 (B)입니다.

Aa 어휘

v	**love**	사랑하다	n	**pizza**	피자	adv	**really**	정말
v	**like**	좋아하다	adv	**only**	오직	n	**cheese**	치즈
n	**veggie**	채소	n	**slice**	조각			

Step 3. Practice Test

Q1

When does Nancy go to the bookstore?

(A) every day

(B) after school

(C) on weekends

Q2

What does the boy do on Saturdays?

(A) play soccer

(B) watch soccer

(C) teach soccer

토셀쌤의 문제 풀이 Tip!

듣기 지문에 등장하는 인물에 집중해서 들어야 합니다. 인물이 두 명 이상 나올 경우, 질문에서 묻는 인물이 누구인지를 잘 파악해야 맞는 답을 잘 고를 수 있습니다.

Track C-73

Q3

When does Ray have a science exam?

(A) on Monday
(B) on Tuesday
(C) on Thursday

Q4

When does Billy watch birds?

(A) in the morning
(B) in the afternoon
(C) in the evening

최신 기출 경향

일기/일상문의 유형은 요일 또는 시간별로 일과나 있었던 일을 나열하는 경우가 많습니다. 따라서 시간 또는 시기에 대해 묻는 질문이 많이 등장합니다. 한 지문에 여러가지 시기에 대한 정보가 나오기도 하니 **특정 정보에 주의해서 듣는 것**이 중요합니다.

유형 4 묘사문

이야기 듣고 질문에 답하기

묘사문을 읽고 주어진 질문에 알맞은 답을 찾는 유형입니다.

무언가를 마치 보이는 것처럼 이야기하는 글의 종류이기 때문에
여러가지 정보가 구체적으로 나오는 것이 특징입니다.

Part C Listen and Respond

Q

Boy: My aunt is the best.
She can make dolls with paper.
She makes the best chocolate cookies, too.
We go for a walk to the park every weekend. I love my aunt.

Q What do they do together?

(A) bake cookies
(B) go to the park
(C) make paper dolls

Step 1. Example

Track C-74

해석 Text & Question

소년: 나의 이모는 최고다.
그녀는 종이로 인형을 만들수 있다.
그녀는 가장 맛있는 초콜렛 쿠키를 만들 수도 있다.
우리는 주말마다 공원으로 산책을 간다. 나는 나의 이모가 좋다.

질문: 그들은 함께 무엇을 하는가?

(A) 쿠키를 굽는다
(B) 공원에 간다
(C) 종이 인형을 만든다

풀이 정답 (B)

질문에서 그들이 함께 무엇을 하는지 묻고 있습니다. "We go for a walk to the park every weekend." (우리는 주말마다 공원으로 산책을 간다.)고 했습니다. 따라서 정답은 (B)입니다.

Aa 어휘

n	**aunt**	이모, 고모	adj	**best**	최고의	n	**paper**	종이
n	**cookie**	쿠키	adj	**every**	모든, 매	n	**weekend**	주말
phr	**go for a walk**	산책 가다						

TIP

위 문제에서 'She(그녀)'로 시작하는 문장들 가운데 'We(우리)'로 시작하는 문장들에서 정답을 찾은 것처럼 **문장의 주어**가 문제 풀 때 단서가 될 수 있습니다.

Step 2. Pattern Practice

Q

Girl: I am putting a puzzle together.
It is a picture of a sun and moon.
There are many pieces.
It takes a long time to put together.
My friend helps me.

Q Who helps with the puzzle?

(A) the sun
(B) the friend
(C) the moon

TIP

질문에서 묻는 것이 무엇인지를 정확히 이해하지 않고 들으면 헷갈릴 수도 있으니 질문에서 **무엇을 물어보는지를 정확히 파악하는** 것이 우선이 되어야 합니다.

해석 Text & Question

소녀: 나는 퍼즐을 맞추고 있는 중이다.
그것은 해와 달의 그림이다.
많은 조각들이 있다.
그것을 맞추는데 오랜 시간이 걸린다. 내 친구가 나를 도와준다.

질문: 누가 퍼즐 맞추는 것을 도와주는가?

(A) 해
(B) 친구
(C) 달

풀이 정답 (B)

질문에서 퍼즐 맞추는 것을 도와주는 사람이 누구인지를 묻고 있습니다. 듣기 내용 중 마지막 문장인 "My friend helps me." (내 친구가 나를 도와준다.)에서 '나'를 도와주는 사람이 친구라는 것이 드러납니다. 따라서 정답은 (B)입니다.

Aa 어휘

n	**picture**	그림	n	**sun**	해	n	**moon**	달
n	**piece**	조각	v	**help**	돕다	phr	**put together**	맞추다

Step 3. Practice Test

Q1

What is Ms. Wilson's favorite flower?

(A) lily
(B) tulip
(C) rose

Q2

What does the girl find in the attic?

(A) babies
(B) albums
(C) clothes

토셀쌤의 문제 풀이 Tip!

묘사문 유형은 구체적인 또는 전반적인 정보에 대해 물어보는 문제가 출제되니 특정한 세부 사항을 묻는 문제는 지문을 끝까지 듣는 것이 매우 중요합니다. 문제를 들으면서 중요한 내용을 받아써놓으면 도움이 될 것입니다.

Track C-76

Q3

Why does the boy like Daniel?

(A) He is tall.
(B) He is thin.
(C) He is funny.

Q4

What is the girl's favorite color?

(A) red
(B) green
(C) yellow

최신 기출 경향

묘사문 유형은 사물/동물/인물 등 다양한 방식으로 출제되기 때문에 자주 등장하는 유형 중 하나입니다. **지문에서 묘사하는 것이 무엇인지를 파악**한다면 질문에서 요구하는 정보를 보다 더 빠르게 찾을 수 있습니다.

Appendix

Appendix

a

a lot ········ 아주, 많이, 상당히
about ········ 대략, 약
across ········ 건너편에
actor ········ 배우
actually ········ 사실
after ········ ~후에
after school ········ 방과후
afternoon ········ 오후
ago ········ ~전에
album ········ 앨범
all the way ········ 내내, 계속
already ········ 이미
angry ········ 화가 난
around + 시간 ········ ~시 즈음
arrive ········ 도착하다
art ········ 미술
at home ········ 집에
attic ········ 다락(방)
aunt ········ 이모, 고모

b

bag ········ 가방
ball ········ 공
banana ········ 바나나
bank ········ 은행
baseball ········ 야구, 야구공
basket ········ 바구니
bat ········ 방망이, 라켓
bathroom ········ 화장실
be going to ········ ~할 것이다
beach ········ 해변
beautiful ········ 아름다운
bedroom ········ 침실
bench ········ 벤치
best ········ 가장 좋은, 최상의, 최고의
best friend ········ 가장 친한 친구
between ········ 사이에
bicycle ········ 자전거
big ········ 큰
bike ········ 자전거
bird ········ 새
birthday ········ 생일
blue ········ 파란색, 우울한
body ········ 몸
book ········ 책
bookstore ········ 서점
borrow ········ 빌리다
bought ········ 사다(buy)의 과거형
bow ········ 활
bowl ········ (우묵한) 그릇
box ········ 상자
bright ········ 밝은
broken ········ 고장난, 깨진
brother ········ 남자형제
brown ········ 갈색
building ········ 건물
bus ········ 버스
busy ········ 바쁜
butterfly ········ 나비
buy ········ 사다

Appendix

c

calendar ········· 달력
can't wait ········· ~를 기대하다
card ········· 카드
careful ········· 조심하는
carry ········· 가지고 다니다
cat ········· 고양이
catch ········· 잡다
check ········· 확인하다
checkered ········· 체크 무늬의
cheese ········· 치즈
cheeseburger ········· 치즈버거
chef ········· 요리사
chocolate ········· 초콜릿
class ········· 수업, 학급, 반
clean ········· 청소하다
close ········· 닫다
cloth ········· 옷
coat ········· 코트
coke ········· 콜라
cold ········· 추운, 차가운
color ········· 색, 색깔
come ········· 오다
come out ········· (해, 달, 별이) 나오다
computer ········· 컴퓨터
concert ········· 콘서트
contest ········· 대회
cook ········· 요리하다
cookie ········· 쿠키
corner ········· 모퉁이
cover ········· 표지
cup ········· 컵
cupcake ········· 컵케이크

d

dance ········· 춤추다
dance lesson ········· 댄스 수업
dangerous ········· 위험한
dark ········· 캄캄한, 어두운
date ········· 날짜
day ········· 낮
delicious ········· 맛있는
department store ········· 백화점
dessert ········· 디저트
diary ········· 일기(장)
different ········· 다른
dinner ········· 저녁
do the dishes ········· 설거지를 하다
doctor ········· 의사
dog ········· 개
dollar ········· 달러 (화폐 단위)
dolphin ········· 돌고래
door ········· 문
draw ········· 그리다
drawer ········· 서랍, 서랍장
drink ········· 마시다, 음료수
dry ········· 마른, 건조한
due ········· 기한이 ~인
during ········· ~동안

e

eat ········· 먹다
eight ········· (숫자) 8
end ········· 끝
enjoy ········· 즐기다
enough ········· 충분한
eraser ········· 지우개
evening ········· 저녁
every ········· 매, 모든, ~마다
every day ········· 매일
express mail ········· 빠른 우편

f

fair ········· 박람회
family ········· 가족
famous ········· 유명한
far ········· 멀리, 먼
far away ········· 멀리
favor ········· 부탁, 호의
favorite ········· 가장 좋아하는, 좋아하는 것
feed ········· 먹이를 주다, 밥[우유]을 먹이다
feel ········· 느끼다
field ········· 들판, 장
fifteen ········· (숫자) 15
fifty ········· (숫자) 50
final exam ········· 기말고사
final round ········· 결승전, 마지막 라운드
find ········· 찾다
five ········· (숫자) 5
floor ········· 층, 바닥
flower ········· 꽃
flower shop ········· 꽃 가게
food ········· 음식
football ········· 축구
Friday ········· 금요일
friend ········· 친구
funny ········· 우스운, 웃기는; 재미있는
fur ········· 털

g

game ········· 경기
get on ········· ~에 타다
get to ········· ~로 가다
give ········· 주다
gloves ········· 장갑
go ahead ········· 그렇게 해, 먼저 가다
go back ········· 돌아가다
go for a walk ········· 산책 가다
good ········· 좋은
grandmother ········· 할머니
grape ········· 포도
gray ········· 회색
greet ········· 맞이하다
gym ········· 체육관

h

hairbrush ········· 머리빗
halloween ········· 할로윈
hamster ········· 햄스터
hand ········· 손
happy ········· 행복한
hard ········· 열심히 하는

Appendix

hat ········· 모자
have ········· 가지다, 있다
headache ········· 두통
heart ········· (모양) 하트
help ········· 돕다
here ········· 여기, 여기에
Here you go ········· 여기 있어
history ········· 역사
hold ········· 들고 있다, 잡다
home ········· 집
homework ········· 숙제
horse ········· 말
hot ········· 더운, 뜨거운, 매운
hour ········· 시간
house ········· 집
How are you? ········· 어떻게 지내니?
how to ········· ~하는 법
How's it going? ··· 어떻게 지내세요?
hungry ········· 배고프다
hurt ········· 아프다

i

I'm not sure ········· 나는 잘 모르겠다
idea ········· 생각
instead ········· 대신
interesting ········· 흥미로운
into ········· ~안으로

j

jacket ········· 자켓
jar ········· 항아리
jogging ········· 조깅
juice ········· 주스
July ········· 7월

k

kick ········· (발로) 차다
kid ········· 아이
kind ········· 종류
kitchen ········· 주방
knife ········· 칼
know ········· 알다

l

lamp ········· 램프, 등
laptop ········· 노트북 컴퓨터
laugh ········· 웃다
laundry room ········· 세탁실
left ········· 왼쪽
leg ········· 다리
lemon ········· 레몬
let ········· ~하게 하다
letter ········· 편지
library ········· 도서관
like ········· 좋아하다
lily ········· 백합
lock ········· 자물쇠
long time ········· 오랜 시간
look + 형용사 ········· ~해 보이다
look ········· 보다
look at ········· ~을 보다
lost ········· (lose의 과거형) 잃어버리다

love ········ 사랑하다, 좋아하다
lunch ········ 점심 (식사)

m

math ········ 수학
May ········ 5월
milk ········ 우유
mine ········ 나의 것
minute ········ (시간 단위의) 분
Monday ········ 월요일
moon ········ 달
morning ········ 아침; 오전
mouse ········ 쥐

n

net ········ 그물
new ········ 새로운
next ········ 다음의
next to ········ ~옆에
night ········ 밤

o

of course ········ 물론이지
office ········ 사무실
old ········ 오래된, 낡은
only ········ 오직
open ········ 열다
outside ········ 밖에, 밖; 바깥쪽

p

painting ········ 그림
paper ········ 종이
park ········ 공원
partner ········ 파트너
party ········ 파티
pen ········ 볼펜
pencil ········ 연필
pencil sharpener ········ 연필깎이
photo ········ 사진
piano ········ 피아노
picture ········ 그림
piece ········ 조각
pizza ········ 피자
play ········ 연주하다, 놀다, 하다
popular ········ 인기 있는
post office ········ 우체국
pour ········ 붓다
pretty ········ 예쁜
price tag ········ 가격표
problem ········ 문제
purple ········ 보라색
put ········ 두다
put together ········ 맞추다

q

question ········ 질문

r

rain ········ 비, 비오다
raincoat ········ 우비
rainy ········ 비가 오는
read ········ 읽다
reading ········ 읽기

Appendix

really ······ 정말
rectangular ······ 직사각형의
red ······ 빨간색
rest ······ 쉬다
ride ······ 타다
right ······ 오른쪽
rollercoaster ······ 롤러코스터
room ······ 방
rose ······ 장미
run ······ 뛰다

S

sad ······ 슬픈
said ······ (say의 과거형) 말하다
salad ······ 샐러드
sandwich ······ 샌드위치
Saturday ······ 토요일
scary ······ 무서운
school ······ 학교
science ······ 과학
sea ······ 바다
seal ······ 물개
season ······ 계절
second ······ 둘째의, 두 번째의
see ······ 보다
sell ······ 팔다
September ······ 9월
shape ······ 모양
sharp ······ 날카로운
shirt ······ 셔츠
shorter ······ 더 키가 작은

sick ······ 아픈
sing ······ 노래하다
singer ······ 가수
sister ······ 여동생, 여자형제
sit ······ 앉다
sit down ······ 앉다
size ······ 크기
sleep ······ 잠을 자다
slice ······ 조각
small ······ 작은
soccer ······ 축구
soccer player ······ 축구선수
socks ······ 양말
some ······ 약간의
soon ······ 곧
sound ······ 소리
spaghetti ······ 스파게티
spend ······ (시간을) 보내다
spoon ······ 숟가락
sport ······ 스포츠; 운동 경기
spring ······ 봄
start ······ 시작하다
sticker ······ 스티커
stomach ······ 배
store ······ 가게
strawberry ······ 딸기
street ······ 거리, 도로, ~가
string ······ 줄
student ······ 학생
stuff ······ 물건
summer ······ 여름

sun ········ 해
Sunday ········ 일요일
swim ········ 수영
swimming ········ 수영하기

t

table ········ 책상
take + 교통수단 ········ ~를 타다
talk ········ 이야기하다
tall ········ 키가 큰, 높은
taller ········ 더 키가 큰
taste ········ 맛이 나다
teach ········ 가르치다
teacher ········ 선생님
ten ········ 10
tennis ········ 테니스
That's okay ········ 괜찮아요
the most ········ 가장 ~한
thin ········ 얇은, 가는; 마른, 여윈
think ········ 생각하다
throw ········ 던지다
Thursday ········ 목요일
tired ········ 피곤한
today ········ 오늘
together ········ 함께, 같이
too ········ 너무 ~한, ~도
too much ········ 너무 많은
town ········ 지역, 마을
toy ········ 장난감
travel ········ 여행하다, 돌아다니다
tree ········ 나무
trophy ········ 트로피
true ········ 사실, 진실
try ········ 노력하다, 시도하다
Tuesday ········ 화요일
tulip ········ 튤립
turn right ········ 오른쪽으로 돌다
turtle ········ 거북이
two ········ (숫자) 2

u

umbrella ········ 우산
uncle ········ 삼촌
use ········ 사용하다

v

vacation ········ 휴가, 방학
veggie ········ 채소 (vegetable의 줄임말)
very ········ 너무, 매우
vet ········ 수의사
violin ········ 바이올린

w

want ········ 원하다
want to ········ ~하기를 원하다
warm ········ 따뜻한
wash ········ 씻다
watch ········ 보다, 관찰하다
wear ········ 입다
weather ········ 날씨
Wednesday ········ 수요일
week ········ 주, 일주일

Appendix

weekend ······ 주말
What time~? - 시간을 묻는 의문사
wheel ······ 바퀴
where ······ 어디에
win ······ 이기다
window ······ 창문
windy ······ 바람 부는
winter ······ 겨울
work ······ 일하다
work for ······ ~에서 일하다
work out ······ 운동하다
working ······ 작동되는
write ······ 쓰다

y

yell ······ 소리 지르다
yellow ······ 노란색
yesterday ······ 어제
yet ······ 아직
yours ······ 너의 것

TOSEL Lab에는 어떤 콘텐츠가 있나요?

진단

맞춤형 레벨테스트로
정확한 평가 제공

Placement Test

응시자 빅데이터 분석에 기반한 테스트로 신규 상담 학생의 영어능력을 정확하게 진단하고 효과적인 영어 교육을 실시하기 위한 객관적인 가이드라인을 제공합니다.

교재

세분화된 레벨로
실력에 맞는 학습 제공

Book Content

TOSEL의 세분화된 교재 레벨은 각 연령에 맞는 어휘와 읽기 지능 및 교과 과정과의 연계가 가능하도록 설계된 교재들로 효과적인 학습 커리큘럼을 제공합니다.

자기주도학습

교재와 연계한 다양한 콘텐츠로
효과적인 학습 제공

Study Content

Monthly Test를 대비한 다양한 콘텐츠를 제공해 영어 학습에 시너지 효과를 기대할 수 있으며, 학생들의 자기주도 학습 습관을 더 탄탄하게 키울 수 있습니다.

내신과 토셀 고득점을 한꺼번에!

Reading Series

Pre-Starter / Starter / Basic / Junior / High Junior

- 각 단어 학습 도입부에 주제와 관련된 이미지를 통한 말하기 연습
- 각 Unit별 4-6개의 목표 단어 제시, 그림 또는 영문으로 단어 뜻을 제공하여 독해 학습 전 단어 숙지
- 독해&실용문 연습을 위한 지문과 Comprehension 문항을 10개씩 수록하여 이해도 확인 및 진단
- 숙지한 독해 지문을 원어민 음성으로 들으며 듣기 학습, 듣기 전, 듣기 중, 듣기 후 학습 커리큘럼 마련

학년별 꼭 알아야하는 **단어 수록!**

Voca Series

Pre-Starter / Starter / Basic / Junior / High Junior

- 초등 / 중등 교과과정 연계 단어 학습과 세분화된 레벨
- TOSEL 시험을 기준으로 빈출 지표를 활용한 예문과 문제 구성
- 실제 TOSEL 지문의 예문을 활용한 실용적 학습 제공
- 실전 감각 향상과 점검을 위한 실전 문제 수록

체계적인 단계별 **문법 지침서**

Grammar Series

Pre-Starter / Starter / Basic / Junior / High Junior

- 초등/중등 교과과정 연계 문법 학습과 세분화된 레벨
- TOSEL 기출 문제 연습과 최신 수능 출제 문법을 포함하여 수능/내신 대비 가능
- 이해하기 쉬운 그림, 깔끔하게 정리된 표와 설명, 다양한 문제를 통해 문법 학습
- 실전 감각 향상과 점검을 위한 기출 문제 수록

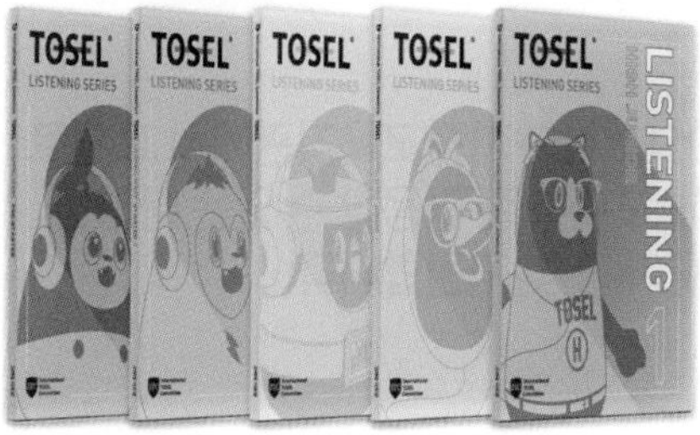

한국 학생들에게 최적화된 듣기 실력 완성!

Listening Series

Pre-Starter / Starter / Basic / Junior / High Junior

- 초등/중등 교과과정 연계 말하기&듣기 학습과 세분화된 레벨
- TOSEL 기출 문장과 실생활에 자주 활용되는 문장 패턴을 통해 듣기 및 말하기 학습
- 실제 TOSEL 지문의 예문을 활용한 실용적 학습 제공
- 실전 감각 향상과 점검을 위한 기출 문제 수록

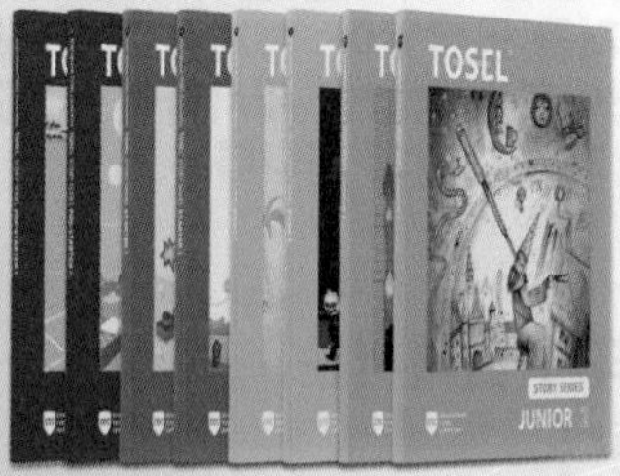

재미와 실력이 **동시에!**

Story Series

Pre-Starter / Starter / Basic / Junior

- 초등/중등 교과과정 연계 영어 학습과 세분화된 레벨
- 이야기 지문과 단어를 함께 연결지어 학생들의 독해 능력을 평가
- 이해하기 쉬운 그림, 깔끔하게 정리된 표와 설명, 다양한 문제, 재미있는 스토리를 통한 독해 학습
- 다양한 단계의 문항을 풀어보고 학생들의 읽기, 듣기, 쓰기, 말하기 실력을 집중적으로 향상

교재를 100% 활용하는 TOSEL Lab 지정교육기관의 노하우!

Teaching Materials

TOSEL에서 제공하는 수업 자료로
교재 학습을 더욱 효과적으로 진행!

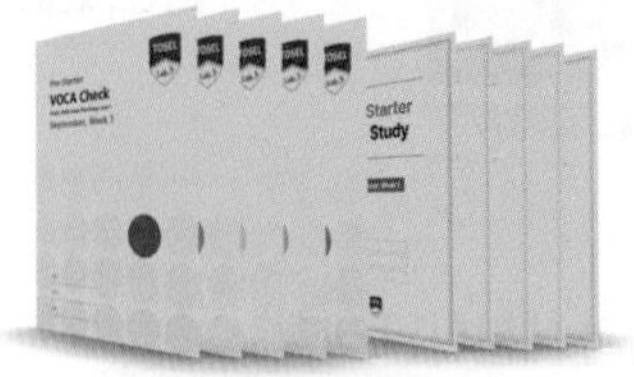

Study Content

철저한 자기주도학습 콘텐츠로
교재 수업 후 효과적인 복습!

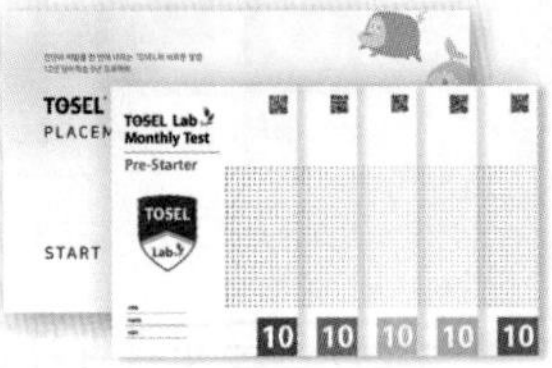

Test Content

교재 학습과 더불어 학생 맞춤형
시험으로 실력 점검 및 향상

Book Content

100만 명으로 엄선된 TOSEL
성적 데이터로 탄생!

국제토셀위원회는 TOSEL Lab 지정교육기관에서 교재로
수업하는 학원을 위해 교재를 잘 활용할 수 있는 다양한
콘텐츠를 제공 및 지원합니다.

TOSEL Lab 지정교육기관을 위한 콘텐츠로
더욱 효과적인 수업을 경험하세요.

TOSEL Lab 지정교육기관은

국제토셀위원회 직속 TOSEL연구소에서 20년 동안 보유해온 전국 15,000여 개 교육기관 토셀 응시자들의 영어성적 분석데이터를 공유받아, 통계를 기반으로 한 전문적이고 과학적인 커리큘럼을 설계하고, 영어학습 방향을 제시하여, 경쟁력있는 기관, 잘 가르치는 기관으로 해당 지역에서 입지를 다지게 됩니다.

TOSEL Lab 지정교육기관으로 선정되기 위해서는
소정의 심사 절차가 수반됩니다.

TOSEL Lab 더 알아보기

Tel. 02-953-0202
www.lab.tosel.co.kr

TOSEL Lab 심사신청하기

국제토셀위원회

TOSEL 유형분석집

STARTER

Section I.
Listening & Speaking

ANSWERS

국제 토셀 위원회

TOSEL®
유형분석집

STARTER
정답 및 해설

Part A. Listen and Recognize

유형 1 – 문장에 알맞은 그림 고르기 : 사물, 동물 (p.28)

1. Girl: My cat and I are best friends.

해석 소녀: 내 고양이와 나는 가장 친한 친구이다.

풀이 3개의 그림 모두 소녀가 동물과 함께 있는 그림입니다. "My cat and I(고양이와 나)"라고 했으므로 여자아이와 고양이가 함께 있는 그림인 (A)가 정답입니다.

정답 (A)

Words and Phrases cat 고양이 | best friend 가장 친한 친구

2. Boy: There are many eggs.

해석 소년: 달걀이 많이 있어요.

풀이 3개의 그림 모두 각각 다른 음식이 그려져 있습니다. 따라서 어떤 음식 이름이 나올지 귀 기울여 들어야겠습니다. 소년이 "egg(달걀)"이라고 했으므로 많은 달걀이 있는 (C)가 정답입니다.

정답 (C)

Words and Phrases egg 계란

3. Girl: What a beautiful flower!

해석 소녀: 꽃이 정말 아름답다!

풀이 3개의 그림에는 사람과 각각 다른 사물이 그려져 있습니다. 따라서 어떤 사물의 이름이 나올지 귀 기울여 들어야겠습니다. 소녀가 "flower(꽃)"을 언급했으므로 소녀가 꽃을 들고 있는 그림인 (C)가 정답입니다.

정답 (C)

Words and Phrases beautiful 아름다운 | flower 꽃

4. Boy: My brother is holding a trophy.

해석 소년: 우리 형은 트로피를 들고 있어요.

풀이 3개의 그림 모두 소년과 각각 다른 사물이 있는 그림입니다. 따라서 사물의 이름을 귀 기울여 들어야합니다. 소년이 'trophy(트로피)'를 언급했으므로 (A)가 정답입니다.

정답 (A)

Words and Phrases brother 남자형제 | hold 들고 있다 | trophy 트로피

유형 2 – 문장에 알맞은 그림 고르기: 인물, 동작, 직업 (p.34)

1. Boy: The teacher helps him with his homework.

해석 소년: 선생님은 남학생의 숙제를 도와주신다.

풀이 3개의 그림 모두 선생님이 학생을 가르치는 상황을 나타내고 있습니다. 하지만 선생님은 "his homework," 즉, 남학생 한 명의 숙제를 돕고 있으므로 (A)가 정답입니다.

정답 (A)

Words and Phrases teacher 선생님 | help 돕다 | homework 숙제

2. Girl: My family likes jogging in the morning.

해석 소녀: 나의 가족은 아침에 조깅하는 것을 좋아한다.

풀이 3개의 그림에는 가족들이 각각 다른 활동을 하는 모습입니다. 어떤 활동을 하는지 잘 듣는다면 쉽게 정답을 찾을 수 있습니다. 'likes jogging(조깅하는 것을 좋아한다)'라고 했으므로 (B)가 정답입니다.

정답 (B)

Words and Phrases family 가족 | morning 아침; 오전 | jogging 조깅

3. Boy: I want to be a vet.

해석 소년: 나는 수의사가 되고 싶다.

풀이 3개의 그림 모두 다른 직업을 갖고 있는 남자의 모습입니다. 따라서 직업과 관련된 단어에 집중하여 들어야 합니다. 나는 'vet(수의사)'되고 싶다고 했으므로 (C)가 정답입니다.

정답 (C)

Words and Phrases want 원하다 | vet 수의사

4. Girl: Olivia is feeding a horse.

해석 소녀: Olivia는 말에게 먹이를 주고 있다.

풀이 3개의 그림에는 한 소녀가 말 또는 말 그림이 있는 퍼즐과 함께 있는 모습입니다. 따라서 이 소녀와 말 혹은 말 그림과의 관계를 잘 나타낸 표현을 들어야 합니다. Olivia가 'is feeding(먹이를 주고 있다)'라고 했으므로 (C)가 정답입니다.

정답 (C)

Words and Phrases feed 먹이를 주다, 밥[우유]을 먹이다 | horse 말

유형 3 – 문장에 알맞는 그림 고르기: 장소, 위치 (p.40)

1. Girl: The kids are in the gym.

해석 소녀: 아이들은 체육관에 있다.

풀이 3개의 그림 모두 아이들이 각각 다른 장소에 있는 모습입니다. 따라서 장소를 나타내는 단어를 잘 들어야 합니다. 아이들이 'gym(체육관)'에 있다고 했으므로 (B)가 정답입니다.

정답 (B)

Words and Phrases kid 아이 | gym 체육관

2. Boy: My sister is in the kitchen.

해석 소년: 나의 누나는 주방에 있다.

풀이 3개의 그림 모두 여자가 집 안의 다른 공간에 있는 모습입니다. 누나가 주방에(in the kitchen) 있다고 했으므로 (C)가 정답입니다.

정답 (C)

Words and Phrases sister 여자형제(여동생, 언니, 누나) | kitchen 주방

3. Girl: Amy is resting on the ball.

해석 소녀: Amy는 공 위에서 쉬고 있다.

풀이 3개의 그림 모두에 등장하는 대상은 한 소녀와 공입니다. 이 3개 그림의 차이점은 소녀가 공으로부터 어느 위치에 있는가입니다. 따라서 장소 전치사를 잘 듣고 답을 골라야 하겠습니다. Amy가 'on the ball(공 (표면)위에)'서 쉬고 있다고 했으므로 (B)가 정답입니다.

정답 (B)

Words and Phrases rest 쉬다 | ball 공

4. Boy: I need to borrow some books.

해석 소년: 나는 책을 좀 빌려야 한다.

풀이 3개의 그림은 각각 다른 장소를 나타내고 있습니다. 'borrow some books(책을 좀 빌리다)'와 관련있는 장소는 도서관이므로 (C)가 정답입니다.

정답 (C)

Words and Phrases need to ~해야 한다 | borrow 빌리다 | book 책

유형 4 – 문장에 알맞은 그림 고르기: 색, 모양 (p.46)

1. Boy: I have gray and purple pencils.

해석 소년: 나는 회색과 보라색 연필이 있다.

풀이 3개의 그림은 모두 서로 다른 색의 연필 두 개씩을 나타내고 있습니다. 따라서 어떤 색을 말하는지 귀 기울여 들어야합니다. 회색(gray)과 보라색(purple) 연필이라고 했으므로 (B)가 정답입니다.

정답 (B)

Words and Phrases gray 회색 | purple 보라색 | pencil 연필

2. Girl: She is drawing a yellow flower.

해석 소녀: 그녀는 노란색 꽃을 그리고 있다.

풀이 3개의 그림은 모두 한 소녀가 각각 다른 모양을 그리고 있는 모습입니다. 따라서 어떤 모양을 말하는지 귀 기울여 들어야 합니다. 그녀가 'flower(꽃)'을 그리고 있다고 했으므로 (B)가 정답입니다.

정답 (B)

Words and Phrases draw 그리다 | heart 하트

3. Boy: I love that checkered shirt!

해석 소년: 저 체크무늬 셔츠가 맘에 들어요!

풀이 3개의 그림은 모두 서로 다른 패턴의 셔츠를 보여주고 있습니다. 따라서 패턴을 나타내는 단어를 주의 깊게 들어야 합니다. 나는 'checkered(체크 무늬의)' 셔츠가 맘에 든다고 했으므로 (A)가 정답입니다.

정답 (A)

Words and Phrases checkered 체크 무늬의 | shirt 셔츠

4. Girl: The yellow one with butterflies is mine.

해석 소녀: 노란색에 나비들이 있는 게 내 거야.

풀이 3개의 그림은 모두 서로 다른 색과 모양의 컵들을 보여주고 있습니다. 따라서 색과 모양을 나타내는 단어를 주의 깊게 들어야 합니다. 'yellow(노란색)'이고 'butterflies(나비들)'이 있는 것이 내 것이라고 했으므로 (A)가 정답입니다.

정답 (A)

Words and Phrases yellow 노란색 | butterfly 나비 | mine 나의 것

유형 5 – 문장에 알맞은 그림 고르기: 날씨, 시간, 수 (p.52)

1. **Boy: He said it's too cold outside.**

해석 소년: 그가 밖은 너무 춥다고 한다.

풀이 3개 그림은 각각 다른 날씨를 표현하고 있으므로 날씨 표현에 집중하여 들어야 합니다. 'it's too cold outside(밖은 너무 춥다)'라고 했으므로 (A)가 정답입니다

정답 (A)

Words and Phrases said say(말하다)의 과거형 | cold 추운 | too 너무 ~한, ~도 | outside 밖; 바깥쪽

2. **Girl: Two cheeseburgers and one coke, please.**

해석 소녀: 치즈버거 두 개랑 콜라 하나 주세요.

풀이 각각 다른 수의 치즈버거와 콜라가 있는 그림이므로 몇 개를 말하는지 숫자에 집중하여 들어야 합니다.
'Two cheeseburgers(치즈버거 2개)'와 'one coke(콜라 1개)'를 달라고 했으므로 (B)가 정답입니다.

정답 (B)

Words and Phrases cheeseburger 치즈버거 | coke 콜라

3. **Girl: It's eight fifty already.**

해석 소녀: 벌써 8시 50분이야.

풀이 3개 그림은 모두 시간을 나타내고 있으며, '몇 시', '몇 분'인지를 잘 들어야 합니다. 시간이 이미 8시 50분(eight fifty)이라고 했으므로 (A)가 정답입니다.

정답 (A)

Words and Phrases eight 8 | fifty 50 | already 이미

4. **Boy: We need five baseballs and two bats.**

해석 소년: 우리는 다섯 개의 야구공과 두 개의 방망이가 필요해요.

풀이 각각 다른 수의 야구공과 방망이가 있는 그림이므로 몇 개를 말하는지 숫자에 집중하여 들어야 합니다. 'five baseballs(야구공 5개)'와 'two bats(방망이 2개)'가 필요하다고 했으므로 (C)가 정답입니다.

정답 (C)

Words and Phrases need 필요하다 | baseball 야구공 | five 5 | two 2 | bat (야구·크리켓의) 방망이, (배드민턴의) 라켓

Part B. Listen and Respond

유형 1 – Who 의문문에 알맞은 응답 찾기 (p.62)

1. **Boy: Who is that girl?**
Girl: ____________________
(A) That's very nice.
(B) He's 10 years old.
(C) She's a new student.

해석 소년: 저 소녀 누구야?
소녀: ____________________
(A) 그거 아주 좋다.
(B) 그는 10살이야.
(C) 그는 새로운 학생이야.

풀이 누구냐고 질문을 했으므로 해당 사람에 대한 설명을 해준 (C)가 정답입니다.

정답 (C)

Words and Phrases new 새로운 | student 학생

2. **Boy: Whose bicycle is that?**
Girl: ____________________
(A) It's old.
(B) It's mine.
(C) It's over there.

해석 소년: 저 자전거 누구의 것이니?
소녀: ____________________
(A) 그것은 오래됐어.
(B) 그것은 나의 것이야.
(C) 그것은 저쪽에 있어.

풀이 누구의 자전거 인지 물어본 질문으로 사물의 주인이 누군지 이야기한 (B)가 정답입니다.

정답 (B)

Words and Phrases bicycle 자전거

3. **Girl: Who is taller, Jamie or Ben?**
Boy: ____________________
(A) It is Jamie.
(B) I am shorter.
(C) That is a tall tree.

해석 소녀: Jamie와 Ben 중에 누가 더 키가 크니?
소년: ____________________
(A) Jamie야.
(B) 내가 더 작아.
(C) 이것은 키가 큰 나무이다.
풀이 Jamie와 Ben 중에 누가 더 키가 큰지 물어보는 질문으로 둘 중에 키가 큰 사람을 이야기 한 (A)가 정답입니다.
정답 (A)
Words and Phrases taller 더 키가 큰 | shorter 더 키가 작은 | tall 키가 큰 | tree 나무

4. Boy : Who are you talking to?
Girl: ____________________
(A) My sister.
(B) Tastes good.
(C) Please sit down.

해석 소년: 너 누구랑 이야기 하니?
소녀: ____________________
(A) 나의 여동생
(B) 맛있다.
(C) 앉아주세요.
풀이 누구랑 이야기 하는지 물어봤으므로 이야기를 하고 있는 대상인 사람을 알려준 (A)가 정답입니다.
정답 (A)
Words and Phrases talk 이야기하다 | taste 맛이 나다 | sit down 앉다

유형 2 – What 의문문에 알맞은 응답 찾기 (p.68)

1. Boy: What's the date today?
Girl: ____________________
(A) It's winter.
(B) It's Sunday.
(C) It's February 1st.

해석 소년: 오늘이 며칠이지?
소녀: ____________________
(A) 겨울이야.
(B) 일요일이야.
(C) 2월 1일이야.
풀이 'What's the date'로 시작하여 날짜를 물어보는 질문입니다. 'What's the date today?(오늘이 며칠이지?)'에 대해 'It's February 1st(2월 1일이야)'라고 정확한 날짜를 알려준 (C)가 정답입니다.
정답 (C)
Words and Phrases date 날짜 | today 오늘

2. Girl: What dose your mom do?
Boy: ____________________
(A) She works for a bank.
(B) She's working out really hard.
(C) She has a good partner.

해석 소녀: 너희 엄마는 뭐 하시니?
소년: ____________________
(A) 엄마는 은행에서 일하셔.
(B) 엄마는 열심히 운동하고 계셔.
(C) 엄마는 좋은 파트너를 가지고 계셔.
풀이 어머니의 직업을 물어보는 질문으로 'works for a bank'(은행에서 일하다)라고 직업을 알려준 (A)가 정답입니다.
정답 (A)
Words and Phrases bank 은행 | work out 운동하다 | partner 파트너

3. Boy: What color is your jacket?
Girl: ____________________
(A) It is too big.
(B) It is brown.
(C) It is only twenty dollars.

해석 소년: 네 자켓은 무슨 색이니?
소녀: ____________________
(A) 그것은 너무 커.
(B) 그것은 갈색이야.
(C) 20 달러밖에 안 해.
풀이 'What color'로 시작하여 색을 물어보는 질문입니다. 'What color is your jacket?(자켓은 무슨 색이니?)'라는 질문에 대해 'It is brown(그것은 갈색이야)'라고 색을 알려준 (B)가 정답입니다.
정답 (B)
Words and Phrases color 색 | jacket 자켓 | big 큰 | brown 갈색 | only 오직 | dollar 달러 (화폐 단위)

4. Girl: What is your favorite season?
Boy: ____________________
(A) I like spring.
(B) She looks cold.
(C) Yes. Thank you.

해석 소년: 네가 가장 좋아하는 계절은 뭐니?

소녀: ______________

(A) 난 봄이 좋아.

(B) 그녀는 추워 보여.

(C) 응. 고마워.

풀이 'What is your favorite~?'으로 상대방이 가장 좋아하는 것을 물을 때 사용하는 의문문입니다. 어떤 계절이 가장 좋으냐는 질문에 대해 '난 봄이 좋다'고 대답하는 (A)가 정답입니다.

정답 (A)

Words and Phrases favorite 가장 좋아하는 | season 계절 spring 봄 | look + 형용사 ~해 보이다 | cold 추운

유형 3 – Where 의문문에 알맞은 응답 찾기 (p.74)

1. Girl: Where can I find room 27?

Boy: ______________

(A) For two days.

(B) It's on the second floor.

(C) He's in the bedroom.

해석 소녀: 27번 방을 어디에서 찾을 수 있니?

소년: ______________

(A) 2일 동안.

(B) 그건 2층에 있어.

(C) 그는 침실에 있어.

풀이 'Where'로 시작하여 장소를 묻고 있는 질문입니다. '27번 방을 어디에서 찾을 수 있는지'를 물어보는 질문에 대해 '그건 2층에 있어'라고 방이 있는 장소를 알려준 (B)가 정답입니다.

정답 (B)

Words and Phrases bedroom 침실 | floor 바닥, 층 | second 둘째의, 두 번째의 | room 방 | find 찾다

2. Boy: Where are the cats?

Girl: ______________

(A) It's true.

(B) They are here.

(C) It's mine.

해석 소년: 고양이들은 어디에 있니?

소녀: ______________

(A) 그건 사실이야.

(B) 그들은 여기에 있어.

(C) 그건 내 거야.

풀이 Where로 시작하여 장소를 묻고 있는 질문입니다. '고양이들은 어디에 있냐'는 질문에 대해 '그들은 여기에 있어'라고 고양이가 있는 장소를 알려준 (B)가 정답입니다.

정답 (B)

Words and Phrases true 사실,진실 | here 여기 | mine 나의 것

3. Girl: Where is Jinny?

Boy: ______________

(A) She's my sister.

(B) She's 6 years old.

(C) She's in the bathroom.

해석 소녀: Jinny는 어디에 있어?

소년: ______________

(A) 그녀는 나의 여동생이야.

(B) 그녀는 6살이야.

(C) 그녀는 화장실에 있어.

풀이 Jinny가 어디있는지 위치에 대해 물어봤으므로 위치를 말해준 (C)가 정답입니다.

정답 (C)

Words and Phrases sister 여동생 | bathroom 화장실

4. Boy: Where can I buy an umbrella?

Girl: ______________

(A) By Friday.

(B) No, he can't do that.

(C) Try the department store.

해석 소년: 어디에서 우산을 살 수 있을까?

소녀: ______________

(A) 금요일 까지.

(B) 아니, 그는 그것을 할 수 없어.

(C) 백화점에 가 봐.

풀이 'Where'로 시작하여 장소를 묻고있는 질문입니다. '어디에서 우산을 살 수 있는가'를 물어보는 질문에 대해 'Try the department store(백화점에 가 봐)'라고 말하며 우산을 파는 장소를 알려준 (C)가 정답입니다.

정답 (C)

Words and Phrases buy 사다 | umbrella 우산 | Friday 금요일 | try 노력하다, 시도하다 | department store 백화점

유형 4 - When 의문문에 알맞은 응답 찾기 (p.80)

1. Boy: When is your mom coming?
   Girl: ____________
   (A) She said it's dangerous.
   (B) She said around 9 PM.
   (C) She said one is enough.

해석 소년: 엄마는 언제 오시니?
소녀: ____________
(A) 엄마가 그건 위험하다고 말씀하셨어.
(B) 엄마가 오후 9시 즈음이라고 말씀하셨어.
(C) 엄마가 하나로 충분하다고 말씀하셨어.

풀이 When으로 시작하여 '엄마가 언제 오시는지'를 묻고 있습니다. 이에 대해 '엄마가 오후 9시 즈음이라고 말씀하셨어'라고 대답한 (B)가 정답입니다.

정답 (B)

Words and Phrases come 오다 | said 말하다(say)의 과거형 | dangerous 위험한 | enough 충분한 | around + 시간 ~시 즈음

3. Girl: When do you eat dinner?
   Boy: ____________
   (A) I want a salad.
   (B) You're welcome.
   (C) After piano class.

해석 소녀: 너는 저녁을 언제 먹니?
소년: ____________
(A) 나는 샐러드를 먹고 싶어.
(B) 천만에.
(C) 피아노 수업 후에.

풀이 When으로 시작하여 '때'를 묻고 있는 질문입니다. '저녁을 언제 먹냐'는 질문에 대해 'After piano class.(피아노 수업 후에)'라고 하며 'After~'를 사용하여 저녁을 먹는 '때'를 알려준 (C)가 정답입니다.

정답 (C)

Words and Phrases eat 먹다 | dinner 저녁 | salad 샐러드 | after ~후에 | piano 피아노 | class 수업

3. Girl: When is your birthday?
   Boy: ____________
   (A) On May 1st.
   (B) On the right.
   (C) On the table.

해석 소녀: 너의생일은 언제야?
소년: ____________
(A) 5월 1일이야.
(B) 오른쪽이야.
(C) 책상 위야.

풀이 생일이 언제인지 물어보는 질문으로 날짜가 나와야 합니다. 따라서 날짜를 말한 (A)가 정답입니다.

정답 (A)

Words and Phrases birthday 생일 | May 5월 | right 오른쪽 | table 책상

4. Girl: When is the homework due?
   Boy: ____________
   (A) Next Tuesday.
   (B) For the final exam.
   (C) Across the street.

해석 소녀: 숙제 기한이 언제까지지?
소년: ____________
(A) 다음주 화요일.
(B) 기말고사를 위해서.
(C) 길 건너에.

풀이 When으로 시작하여 '숙제의 기한이 언제까지인지'를 묻고 있는 질문입니다. '숙제 기한이 언제까지인지'라는 질문에 대해 'Next Tuesday.(다음주 화요일)'이라고 정확한 요일을 알려준 (A)가 정답입니다.

정답 (A)

Words and Phrases homework 숙제 | due ~하기로 되어 있는, 기한이 ~인 | next 다음의 | Tuesday 화요일 | final exam 기말고사 | across 건너편에 | street 거리, 도로, ~가

유형 5 - Why 의문문에 알맞은 응답 찾기 (p.86)

1. Boy: Why is she yelling?
   Girl: ____________________
   (A) Because I am happy.
   (B) Because she is angry.
   (C) Because he is my art teacher.

해석 소년: 왜 그녀는 소리를 지르고 있니?
소녀: ____________________
(A) 왜냐하면 나는 행복하기 때문이야.
(B) 왜냐하면 그녀는 화가 났기 때문이야.
(C) 왜냐하면 그는 나의 미술 선생님이기 때문이야.

풀이 'Why'로 시작하여 왜 그녀가 소리를 지르고 있는지 이유를 묻고 있습니다. 이에 대해 선택지 모두 이유에 대해 대답할때 사용하는 because로 시작하고 있지만, 내용상 그녀가 화가 나서 소리 지르는 것이 옳기 때문에 (B)가 정답입니다.

정답 (B)

Words and Phrases yell 소리 지르다 | teacher 선생님 | happy 행복한 | art 미술 | angry 화가 난

2. Girl: Why are they looking at him?
   Boy: ____________________
   (A) I look at my bag.
   (B) Because I am pretty.
   (C) Because he is a famous actor.

해석 소녀: 왜 다들 그를 보고 있는거야?
소년: ____________________
(A) 나는 나의 가방을 본다.
(B) 내가 예쁘기 때문이야.
(C) 그는 유명한 배우이기 때문이야.

풀이 'Why'로 시작하여 왜 다들 그를 보고 있는가에 대해 이유를 묻고 있습니다. 이에 대해 그가 유명한 배우기 때문에 보고 있다고 대답한 (C)가 정답입니다.

정답 (C)

Words and Phrases famous 유명한 | actor 배우 | look 보다 | pretty 예쁜 | bag 가방

3. Girl: Why are you eating so much?
   Boy: ____________________
   (A) I eat pizza.
   (B) I buy some food.
   (C) I am very hungry now.

해석 소녀: 너 왜 이렇게 많이 먹니?
소년: ____________________
(A) 나는 피자를 먹는다.
(B) 나는 음식을 산다.
(C) 나는 지금 매우 배고프다.

풀이 왜 이렇게 많이 먹는지에 대한 질문에 지금 매우 배고프다고 대답한 (C)가 정답입니다.

정답 (C)

Words and Phrases eat 먹다 | buy 사다 | hungry 배가 고픈

4. Girl: Why do they wear scary clothes?
   Boy: ____________________
   (A) We are cooking spaghetti.
   (B) My mom is wearing clothes.
   (C) It is because today is halloween.

해석 소녀: 그들은 왜 무서운 옷을 입고 있어?
소년: ____________________
(A) 우리는 스파게티를 요리하고 있어.
(B) 우리 엄마는 옷을 입고 있어.
(C) 그것은 왜냐하면 오늘이 할로윈이기 때문이야.

풀이 'Why'로 시작하여 '왜 그들이 무서운 옷을 입고 있는지' 그 이유를 묻고 있습니다. 이에 대해 무서운 옷을 입고 있는 이유인 '오늘이 할로윈이기 때문'이라고 대답한 (C)가 정답입니다.

정답 (C)

Words and Phrases wear 입다 | scary 무서운 | clothes 옷 | Halloween 할로윈 | spaghetti 스파게티

유형 6 - How 의문문에 알맞은 응답 찾기 (p.92)

1. Girl: How are the cookies?
   Boy: ____________________
   (A) Not that far.
   (B) Very delicious.
   (C) About 10 of them.

해석 소녀:쿠키들 어때?
소년: ____________________
(A) 그렇게 멀지 않아.
(B) 아주 맛있어.
(C) 그들 중 대략 10개.

풀이 How로 시작하여 의견을 물어보는 질문입니다. 쿠키들이 어떻냐는 질문에 대해 매우 맛있다고 대답한 (B)가 가장 알맞은 정답입니다.

정답 (B)

Words and Phrases cookie 쿠키 | far 먼은 | delicious 맛있는 | about 대략,약

2. Boy: How old is your brother?
   Girl: ____________________
   (A) He is doing well.
   (B) He is five years old.
   (C) He is drinking juice.

해석 소년: 너의 남자형제는 몇 살이니?
소녀: ____________________
(A) 그는 잘 지내고 있어.
(B) 그는 다섯 살이야.
(C) 그는 주스를 마시고 있어.

풀이 'How old'는 나이를 물어볼 때 사용하는 의문사입니다. 남자형제가 몇 살이냐는 질문에 대해 5살이라고 나이를 알려준 (B)가 정답입니다. 3개의 보기 모두 'He is'로 시작하지만 (B)만 나이를 나타내는 표현이기도 합니다.

정답 (B)

Words and Phrases brother 남자형제 | drink 마시다 | juice 주스

3. Girl: How much are these strawberries?
   Boy: ____________________
   (A) They are red.
   (B) They are small.
   (C) They are ten dollars.

해석 소녀: 이 딸기들은 얼마에요?
소년: ____________________
(A) 그것들은 빨간색이에요.
(B) 그것들은 작아요.
(C) 그것들은 10 달러에요.

풀이 How much는 가격을 물을 때 사용하는 의문사입니다. 딸기들이 얼마냐고 묻는 질문에 대해 10달러라고 가격을 말해주는 (C)가 정답입니다.

정답 (C)

Words and Phrases strawberry 딸기 | red 빨간색 | small 작은 | ten 10 | dollar 달러

4. Boy: How can I get to the post office?
   Girl: ____________________
   (A) Ben helped me out.
   (B) By express mail.
   (C) Turn right at the corner.

해석 소년: 우체국까지 어떻게 가죠?
소녀: ____________________
(A) Ben이 나를 도와줬어요.
(B) 빠른 우편으로요.
(C) 저 모퉁이에서 오른쪽으로 도세요.

풀이 How can I get to~?로 시작하여 길을 묻고 있는 질문입니다. 우체국까지 어떻게 가는지를 묻는 질문에 대해 'Turn right at the corner(저 모퉁이에서 오른쪽으로 도세요)'라고 방향을 알려준 (C)가 정답입니다.

정답 (C)

Words and Phrases get to ~로 가다 | post office 우체국 | help 돕다 | express mail 빠른 우편 | turn right 오른쪽으로 돌다 | corner 모퉁이

유형 7 – Yes/No 의문문에 알맞은 응답 찾기 (p.98)

1. Boy: Can I open the window?
   Girl: ____________________
   (A) Sure, go ahead.
   (B) Yes, I am.
   (C) No, it's yours.

해석 소년: 창문을 열어도 될까?
소녀: ____________________
(A) 물론이지, 그렇게 해.
(B) 응, 나야.
(C) 아니, 그건 네 거잖아.

풀이 Can I~?는 상대방에게 허락을 구할 때 쓰는 의문문입니다. 창문을 열어도 될까라는 질문에 대해 '(Sure, go ahead.물론이지, 그렇게 해)'라고 허락을 해준 (A)가 정답입니다.

정답 (A)

Words and Phrases open 열다 | window 창문 | yours 너의 것 | go ahead 그렇게 해, 먼저 가다

2. Girl: Do you have a question?
   Boy: ____________________
   (A) No, I'm fine.
   (B) Yes, you can.
   (C) No, she's here.

해석 소녀: 질문 있니?
소년: ____________________
(A) 아니, 괜찮아.
(B) 응, 해도 돼.
(C) 아니, 그녀는 여기 있어.

풀이 'Do you have~?'로 시작하여 질문이 있는지를 묻고 있습니다. 이에 대해 '아니, 괜찮아'라고 발한 (A)가 가장 적절한 대답이므로 정답은 (A)입니다.

정답 (A)

Words and Phrases question 질문 | here 여기에

3. Boy: Can I use your red pencil?
   Girl: ____________________
   (A) Yes, of course.
   (B) No, I'm not.
   (C) Yes, I like red ones.

해석 소년: 네 빨간 연필을 써도 되니?
소녀: ____________________
(A) 응, 물론이지.
(B) 아니, 난 아니야.
(C) 응, 난 빨간색 (그것)들이 좋아.

풀이 Can I~?로 시작하여 상대방에게 허락을 구하고 있는 질문입니다. 네 빨간 연필을 써도 되냐는 질문에 대해 'Yes, of course(응, 물론이지)'라고 허락을 해준 (A)가 정답입니다.

정답 (A)

Words and Phrases red 빨간색 | pencil 연필 | of course 물론이지

4. Boy: Is it raining?
   Girl: ____________________
   (A) No, it's raining.
   (B) No, it can't run.
   (C) No, but it's windy.

해석 소년: 비가 오니?
소녀: ____________________
(A) 아니, 비가 와.
(B) 아니, 그것은 뛸 수 없어.
(C) 아니, 그러나 바람이 불어.

풀이 소년이 비가 오는지 물어봤으므로 'No, but it's windy.(아니, 그러나 바람이 불어.)'라고 대답한 (C)가 정답입니다.

정답 (C)

Words and Phrases rain 비 | run 뛰다 | windy 바람이 부는

유형 8 – 평서문/명령문에 알맞은 응답 찾기 (p.104)

1. Girl: Let's go to the gym!
   Boy: ____________________
   (A) No, next to the bed.
   (B) Yes, let's do that.
   (C) Go all the way to the end.

해석 소녀: 체육관에 가자!
소년: ____________________
(A) 아니, 침대 옆에.
(B) 응, 그러자.
(C) 끝까지 계속 가.

풀이 'Let's~'로 시작하여 같이 체육관에 가자고 제안하고 있습니다. 이 제안에 대해 'Yes'라고 말한 후 그렇게 하자고 수락한 (B)가 정답입니다.

정답 (B)

Words and Phrases gym 체육관 | next to ~옆에 | all the way 내내, 계속 | end 끝

2. Boy: Let's go buy some food.
   Girl: ____________________
   (A) Sounds good.
   (B) Nothing much.
   (C) Long time no see.

해석 소년: 음식을 좀 사러 가자.
소녀: ____________________
(A) 좋아.
(B) 별일 없어.
(C) 오랜만이야.

풀이 'Let's~'로 시작하여 제안을 하고 있습니다. 제안에 대해 '좋아'라고 하며 동의한 (A)가 가장 적절한 대답이므로 정답은 (A)입니다.

정답 (A)

Words and Phrases buy 사다 | some 약간의

3. **Girl: We're going to the market now.**
   Boy: ___________________
   (A) How's it going?
   (B) Can I go with you?
   (C) Are you in the market?

해석 소녀: 우리 지금 시장에 갈 거야.
소년: ___________________
(A) 어떻게 지내?
(B) 나도 같이 가도 되니?
(C) 너 시장에 있니?

풀이 우리가 지금 시장에 갈 거라는 말에 대해 대해 같이 가도 되냐고 되물어본 대답이 가장 자연스러우므로 (B)가 정답입니다.

정답 (B)

Words and Phrases market 시장 | How's it going? 어떻게 지내세요?

4. **Boy: I'm going to the market.**
   Girl: ___________________
   (A) I'm a doctor.
   (B) I'll go with you.
   (C) I don't like red.

해석 소년: 나는 시장에 가고 있는 중이야.
소녀: ___________________
(A) 나는 의사야.
(B) 나도 너랑 같이 갈게.
(C) 나는 빨간색이 싫어.

풀이 소년이 시장에 가고 있다고 한 말에 대하여 소녀가 'I'll go with you.(같이 가자)'라고 대답한 (B)가 정답입니다 .

정답 (B)

Words and Phrases market 시장 | doctor 의사 | with ~와 | like 좋아하다 | red 빨간색

Part C. Listen and Retell

유형 C-1:1 – 대화에 알맞은 그림 고르기: 인물, 동작 (p.114)

1. **Girl: Lucas, why are you so angry?**
   Boy: My brother poured milk on my painting.
   Q. How does Lucas feel?

해석 소녀: Lucas, 너 왜 그렇게 화가 났니?
소년: 내 남동생이 내 그림에 우유를 부었어.
질문: Lucas는 기분이 어떤가?

풀이 세 그림에서 한 소년이 서로 다른 감정을 나타내고 있습니다. 따라서 소년의 감정을 나타내는 표현을 귀 기울여 들어야 합니다. 대화에서 소녀가 Lucas에게 왜 화가 났냐고 물었고 Lucas는 동생이 자기 그림에 우유를 부었다고 했으므로 화가 난 감정을 표현한 (C)가 정답입니다.

정답 (C)

Words and Phrases angry 화가 난 | brother 남자형제 | pour 붓다 | milk 우유 | painting 그림

2. **Boy: What sport do you play?**
   Girl: I play soccer.
   Q. What sport does she play?

해석 소년: 너는 어떤 스포츠를 하니?
소녀: 난 축구를 해.
질문: 소녀는 어떤 스포츠를 하는가?

풀이 질문에서 소녀가 하는 스포츠를 묻고 있고, 대화에서 소녀는 축구를 한다(play soccer)고 했으므로 정답은 (B)입니다.

정답 (B)

Words and Phrases sport 스포츠; 운동 | soccer 축구 | play 놀다, (게임 등을) 하다

3. **Girl: What's wrong with you?**
   Boy: My stomach hurts.
   Q. Where does the boy hurt?

해석 소녀: 어디 아프니?
소년: 배가 아파.
질문: 소년은 어디가 아픈가?

풀이 세 그림은 한 소년이 각각 다른 곳의 통증을 호소하고 있습니다. 따라서 몸의 어느 부위가 아픈지를 잘 들어야 합니다. 소녀가 소년에게 어디가 아픈지 물어보자 소년은 'My stomach hurts(배가 아파)'라고 했으므로 (B)가 정답입니다.

정답 (B)

Words and Phrases stomach 배 | hurt 아프다

4. **Boy: What do you want to be?**
Girl: I want to be a doctor.
Q. What does the girl want to be?

해석 소년: 너는 뭐가 되고 싶니?
소녀: 나는 의사가 되고 싶어.
질문: 소녀는 무엇이 되고 싶은가?

풀이 세 그림은 다른 직업을 가진 사람의 모습입니다. 따라서 어떤 직업을 말할지 주의 깊게 들어야 합니다. 소년이 소녀에게 너는 뭐가 되고 싶으냐는 질문에 소녀는 'doctor(의사)'가 되고 싶다고 했으므로 (A)가 정답입니다.

정답 (A)

Words and Phrases want 원하다 | doctor 의사

유형 C-1:2-대화에 알맞은 그림 고르기: 날씨, 시간, 수 (p.120)

1. **Boy: What time is the dance lesson?**
Girl: It starts at 7.
Q. What time is the dance lesson?

해석 소년: 댄스 수업은 몇시니?
소녀: 7시에 시작해.
질문: 댄스 수업은 몇시인가?

풀이 그림을 살펴보면 같은 시계이지만 각각 다른 시간을 가리키고 있습니다. 그렇기 때문에 대화에서 시간을 잘 들어야 합니다. 질문에서는 댄스수업 시간을 묻고 있고, 대화에서 댄스 수업이 '7시에 시작해(It starts at 7)'라고 했으므로 시계 바늘이 7시를 가리키고 있는 (B)가 정답입니다.

정답 (B)

Words and Phrases What time~? 시간을 물을 때 사용하는 의문사 | dance lesson 댄스 수업 | start 시작하다

2. **Girl: Can you check the card's price tag?**
Boy: Sure, it says fifteen dollars.
Q. How much is the card?

해석 소녀: 이 카드의 가격표를 확인해 주시겠어요?
소년: 물론이죠, 15달러라고 되어 있네요.
질문: 카드는 얼마인가?

풀이 세 그림에는 가격표가 있는데 각각 다른 가격을 나타내는 숫자가 있습니다. 따라서 가격을 나타내는 말을 집중하여 들어야 겠습니다. 소녀가 가격표를 확인해 달라 고 하였고, 이에 대해 소년이 'fifteen(15)' 달러라고 했으므로 (A)가 정답입니다.

정답 (A)

Words and Phrases check 확인하다 | card 카드 | dollar 달러 | price tag 가격표 | fifteen 15

3. **Boy: I'm wearing a raincoat.**
Girl: I have an umbrella instead.
Q. What is the weather like?

해석 소년: 난 우비를 입었어.
소녀: 난 대신 우산이 있어
질문: 날씨는 어떤가?

풀이 세 그림은 서로 다른 날씨를 나타내고 있으므로 날씨와 관련된 표현을 잘 듣고 답을 골라야 합니다. 소년은 'raincoat(우비)'를 입었다고 했고, 소녀는 'umbrella(우산)'를 가지고 있다고 했으므로 비가 오는 날씨인 것을 알 수 있습니다. 따라서 (C)가 정답입니다.

정답 (C)

Words and Phrases wear 입다 | raincoat 우비 | umbrella 우산 | instead 대신

4. **Girl: How many stickers do you have?**
Boy: I have eight.
Q. How many stickers does the boy have?

해석 소녀: 너는 스티커를 몇 개 가지고 있니?
소년: 난 8개 가지고 있어.
질문: 소년은 몇 개의 스티커를 가지고 있는가?

풀이 세 개의 그림 모두 스티커가 있는 그림이지만 다른 수의 스티커가 있습니다. 따라서 스티커 개수를 잘 들어야 겠습니다. 소녀가 소년에게 몇 개의 스티커를 갖고있냐고 묻자 소년은 'eight(8)'개의 스티커를 가지고 있다고 했으므로 (B)가 정답입니다.

정답 (B)

Words and Phrases sticker 스티커 | eight 8

유형 C-1:3 - 대화에 알맞은 그림 고르기: 사물, 동물, 음식 (p.126)

1. Girl: Look at that!
   Boy: Wow, there are seals in the ocean.
   Q. What are they looking at?

해석 소녀: 저것 봐!
소년: 와, 바다에 물개들이 있다.
질문: 그들은 무엇을 보고 있는가?

풀이 그림을 살펴보면 각각 다른 종류의 동물들이 보입니다. 따라서 대화에서 이 세 가지 중 어떤 동물을 말하는지 잘 들어야 합니다. 대화에서 소년은 'there are seals in the ocean(바다에 물개들이 있다)'라고 했으므로 물개가 그려진 그림 (A)가 정답입니다

정답 (A)

Words and Phrases look at ~을 보다 | seal 물개 | ocean 바다

2. Boy: What is your favorite dessert?
   Girl : I love chocolate cupcakes.
   Q. What's the girl's favorite dessert?

해석 소년: 네가 좋아하는 디저트는 뭐니?
소녀: 난 초콜릿 컵케이크를 좋아해.
질문: 소녀가 좋아하는 디저트는 무엇인가?

풀이 그림을 살펴보면 각각 다른 종류의 디저트들이 보입니다. 따라서 대화에서 이 세 가지 중 어떤 디저트를 말하는지 잘 들어야 합니다. 질문에서는 소녀가 좋아하는 디저트가 무엇인지 묻고 있고, 대화에서 소녀는 'chocolate cupcakes(초콜릿 컵케이크)'라고 했으므로 정답은 (C)입니다.

정답 (C)

Words and Phrases favorite 매우 좋아하는 | dessert 디저트 | chocolate 초콜릿 | cupcake 컵 케이크

3. Boy: Can I use your pencil sharpener?
   Girl: Sure, here you go.
   Q. What does the boy want to borrow?

해석 소년: 너의 연필깎이를 써도 되니?
소녀: 물론, 여기 있어.
질문: 소년은 무엇을 빌리기를 원하는가?

풀이 그림을 살펴보면 각각 다른 종류의 학용품들이 보입니다. 따라서 대화에서 이 세가지 중 어떤 학용품을 말하는지 잘 들어야 합니다. 질문에서는 소년이 빌리기 원하는 것을 묻고 있고, 대화에서 소년은 'Can I use your pencil sharpener?(너의 연필깎이를 써도 되니?)'라고 했으므로 정답은 (B)입니다.

정답 (B)

Words and Phrases use 사용하다 | pencil sharpener | 연필깎이 | Here you go. 여기 있어. | borrow 빌리다

4. Girl: This drawer is too small.
   Boy: Yes, you have so much stuff.
   Q. What are they talking about?

해석 소녀: 이 서랍은 너무 작아.
소년: 응, 넌 물건이 너무 많아.
질문: 그들은 무엇에 대해 이야기하고 있는가?

풀이 그림을 살펴보면 각각 다른 종류의 가구들이 보입니다. 따라서 대화에서 이 세 가지 중 어떤 가구를 말하는지 잘 들어야 합니다. 질문에서는 두 사람이 무엇에 대해 이야기 하고 있는지를 묻고 있고, 대화에서 소녀는 'drawer(서랍)'이 너무 작다고 했고 소년은 소녀에게 너는 물건이 너무 많다고 한 것으로 보아 '이 서랍에 넣기에 물건이 많다'는 뜻으로 이 둘은 서랍에 대해 이야기 하고 있다는 것을 알 수 있습니다. 따라서 정답은 (C)입니다.

정답 (C)

Words and Phrases drawer 서랍 | too 너무 ~한, ~도 | small 작은 | stuff 물건

유형 C-2:1 - 이야기 듣고 질문에 답하기: 숫자 관련 (p.132)

1. Girl:
   I like to write with pretty colors. My favorite color is purple. I have 2 purple pens. My brother buys 2 red pens and gives one pen to me.

Q. How many pens does the girl have?

(A) two
(B) three
(C) four

해석 소녀:
나는 예쁜 색으로 쓰는 것을 좋아한다. 내가 가장 좋아하는 색은 보라색이다. 나는 두 개의 보라색 펜이 있다. 내 남자형제가 빨간색 펜 2개를 사서 나에게 하나를 주었다. 나는 기쁘다.

Q. 소녀는 몇 개의 펜을 가지고 있는가?

(A) 두 개
(B) 세 개
(C) 네 개

풀이 질문을 보면 소녀가 가지고 있는 펜의 개수를 묻고 있습니다. 듣기에서 소녀는 원래 2개의 펜을 가지고 있었으나 소녀의 남자형제가 하나를 주었다고 했으므로 소녀가 가지고 있는 펜의 개수는 총 3개, 정답은 (B)입니다.

정답 (B)

Words and Phrases write 쓰다 | color 색 | purple 보라색 | favorite 가장 좋아하는 | give 주다
brother 남자형제 | buy 사다

2. Boy:
My sister Sam has a big candy jar. She puts different kinds of candies into the jar. She has one lemon candy and two grape candies. She wants more candies.

Q. How many candies does Sam have?

(A) one
(B) two
(C) three

해석 소년:
나의 여동생/언니 Sam은 큰 사탕 항아리가 있다. 그녀는 다른 종류들의 사탕들을 항아리 안에 넣는다. 그녀는 레몬 사탕 하나와 두 개의 포도 사탕이 있다. 그녀는 더 많은 사탕들을 원한다.

Q. Sam은 몇 개의 사탕이 있는가?

(A) 한 개
(B) 두 개
(C) 세 개

풀이 Sam은 사탕 항아리에 레몬 사탕 하나와 두 개의 포도 사탕이 있다고 했으므로 총 세 개의 사탕이 있다는 것을 알 수 있습니다. 따라서 정답은 (C)입니다.

정답 (C)

Words and Phrases jar 항아리 | different 다른 | kind 종류 | into ~안으로 | lemon 레몬 | grape 포도

3. Girl:
There are nine bananas in the basket. I gave 2 bananas to Tom and 3 bananas to Kelly. We all enjoy eating bananas.

Q. How many bananas are left in the basket?

(A) three
(B) four
(C) nine

해석 소녀:
바구니 안에 9개의 바나나가 있다. 나는 2개의 바나나를 Tom에게 주었고 3개의 바나나를 Kelly에게 주었다. 우리는 모두 바나나를 맛있게 먹는다.

Q. 바구니 안에 몇개의 바나나가 남았는가?

(A) 3
(B) 4
(C) 9

풀이 처음에 바구니 안에 바나나가 9개가 있다고 했고 화자가 Tom과 Kelly에게 각각 2개, 3개씩 주었으므로 총 5개를 준 것입니다. 따라서 4개가 남은 것이므로 (B)가 정답입니다.

정답 (B)

Words and Phrases banana 바나나 | basket 바구니 | enjoy 즐기다

4. Boy:
Jack has two erasers. Maria has four erasers. Jack loses one of his erasers. Now he only has one eraser. Maria gives one eraser to him.

Q. How many erasers does Maria have now?

(A) one
(B) three
(C) five

해석 소년:
Jack은 두 개의 지우개를 가지고 있다. Maria는 4개의 지우개를 가지고 있다. Jack은 그의 지우개들 중 하나를 잃어버린다. 이제 그는 딱 하나의 지우개를 가지고 있다. Maria가 그에게 하나의 지우개를 준다.

Q. Maria는 이제 몇 개의 지우개를 가지고 있는가?

(A) 1
(B) 3
(C) 5

풀이 Jack이 지우개를 하나 잃어버려서 Maria가 그녀의 지우개 하나를 주었다고 했으므로 Maria는 이제 3개의 지우개를 가지고 있습니다. 따라서 (B)가 정답입니다.

정답 (B)

Words and Phrases eraser 지우개

유형 C-2:2 - 이야기 듣고 질문에 답하기: 수수께끼 (p.138)

1. Boy:
   What am I? I am big and rectangular. You can find me in every house and building. I let people go in and out.

Q. What am I?
   (A) bag
   (B) door
   (C) lamp

해석 소년:
나는 무엇인가? 나는 크고 직사각형 모양이다. 모든 집과 건물에서 나를 찾을 수 있다. 나는 사람들을 들어오고 나가게 한다.

Q. 나는 무엇인가?
(A) 가방
(B) 문
(C) 램프

풀이 질문은 그것이 무엇인지에 대해 묻고 있습니다. 집과 건물에서 나를 찾을 수 있고, 사람들을 들어오고 나가게 한다'는 부분에서 '문'인것을 알 수 있으므로 정답은 (B)입니다.

정답 (B)

Words and Phrases big 큰 | rectangular 직사각형의 | find 찾다 | every 모든 | house 집 | building 건물 | let ~하게 하다 | bag 가방 | door 문 | lamp 램프, 등

2. Girl:
   What am I? I make beautiful sounds with my big body. I look like a violin but bigger. I make sounds with strings and a bow.

Q. What am I?
   (A) cello
   (B) drum
   (C) piano

해석 소녀:
나는 무엇인가? 나는 나의 큰 몸으로 아름다운 소리를 만든다. 나는 바이올린처럼 생겼지만 더 크다. 나는 줄과 활로 소리를 낸다.

Q. 나는 무엇인가?
(A) 첼로
(B) 드럼/북
(C) 피아노

풀이 지문에서 '나'는 아름다운 소리를 낸다고 했으므로 악기임을 알 수 있고, 바이올린처럼 생겼으나 크다고 하였고 줄과 활이 있다고 했으므로 첼로임을 알 수 있습니다. 따라서 답은 (A)입니다.

정답 (A)

Words and Phrases beautiful 아름다운 | sound 소리 | body 몸 | violin 바이올린 | string 줄 | bow 활

3. Boy:
   People play me in sports. They use me in games. I'm round. I have many colors and sizes. People can kick me. People can throw me, too. What am I?

Q. What am I?
   (A) a ball
   (B) a rope
   (C) a stick

해석 소년:
사람들은 나를 가지고 운동 경기를 한다. 그들은 나를 게임에서 사용한다. 나는 둥글다. 나는 많은 색과 크기가 있다. 사람들은 나를 찰 수 있다. 사람들은 나를 던질 수도 있다. 나는 무엇인가?

Q. 나는 무엇인가?
(A) 공
(B) 밧줄
(C) 막대기

풀이 운동 경기와 게임에서 사용되며 둥근 모양이며 차거나 던진다고 한 것으로 보아 공임을 유추할 수 있습니다. 따라서 (A)가 정답입니다.

정답 (A)

Words and Phrases sport 운동 경기 | use 사용하다 | round 둥근 | color 색깔 | size 크기 | kick (발로)차다 | throw 던지다

4. Girl:
   What am I? People carry me in rainy weather. I have many sizes and colors. I help people in rain. People are dry with me.

Q. What am I?
   (A) a pen
   (B) glasses
   (C) an umbrella

해석 소녀:

나는 무엇인가? 사람들은 나를 비오는 날씨에 가지고 다닌다. 나는 많은 크기와 색깔이 있다. 나는 빗속에서 사람들을 돕는다. 사람들은 나와 함께면 젖지 않는다.

Q. 나는 무엇인가?

(A) 펜

(B) 안경

(C) 우산

풀이 비 오는 날씨에 사용되며 이것을 사용하면 젖지 않는다고 한 것으로 보아 우산임을 유추할 수 있습니다. 따라서 (C)가 정답입니다.

정답 (C)

Words and Phrases carry 가지고 다니다 | rainy 비가 오는 | weather 날씨 | help 돕다 | dry 마른, 건조한

유형 C-2:3 - 이야기 듣고 질문에 답하기: 일기/일상문 (p.144)

1. **Girl:**

Nancy loves reading books. She goes to the library every day. After reading for an hour, she goes back home. On weekends, she likes to go to the bookstore.

Q. When does Nancy go to the bookstore?

(A) every day

(B) after school

(C) on weekends

해석 소녀:

Nancy는 책 읽기를 좋아한다. 그녀는 매일 도서관에 간다. 한 시간 책을 읽은 후 그녀는 집으로 돌아간다. 주말에는 그녀는 서점에 가는 것을 좋아한다.

Q. Nancy는 언제 서점에 가는가?

(A) 매일

(B) 방과 후

(C) 주말에

풀이 질문에서 Nancy가 언제 서점에 가는지를 묻고 있습니다. 맨 마지막 문장 'On weekends, she likes to go to the bookstore(주말에는 그녀는 서점에 가는 것을 좋아한다)'에서 Nancy가 주말에 서점에 가는 것을 확인할 수 있으므로 정답은 (C)입니다.

정답 (C)

Words and Phrases love 사랑하다, 좋아하다 | reading 읽기 | library 도서관 | every day 매일 | hour 시간 | go back 돌아가다 | weekend 주말 | bookstore 서점 | after school 방과후

2. **Boy:**

I like Saturdays the most. Every Saturday, I go to the soccer field with my dad. My dad teaches me how to play soccer. I want to be a soccer player.

Q. What does the boy do on Saturdays?

(A) play soccer

(B) watch soccer

(C) teach soccer

해석 소년:

나는 토요일을 가장 좋아한다. 매주 토요일, 나는 아빠와 함께 축구장에 간다. 아빠는 나에게 축구하는 법을 가르쳐주신다. 나는 축구선수가 되고 싶다.

Q. 소년은 토요일에 무엇을 하는가?

(A) 축구 하기

(B) 축구 보기

(C) 축구 가르치기

풀이 질문에서 소년이 토요일에 무엇을 하는지 묻고 있고, 소년은 매주 토요일 아빠와 함께 축구장에서 축구를 배운다고 했으므로 (A)가 정답입니다.

정답 (A)

Words and Phrases Saturday 토요일 | the most 가장 | every 매, ~마다 | field 들판, 장 | teach 가르치다 | how to~ ~하는 법 | soccer player 축구선수

3. **Girl:**

Ray has final exams this week. She has English on Monday. Science is on Tuesday. Math is on Wednesday. And History is on Thursday. Then, it's summer vacation. Ray can't wait for next week.

Q. When does Ray have a science exam?

(A) on Monday

(B) on Tuesday

(C) on Thursday

해석 소녀:

Ray는 이번주에 기말고사가 있다. 그녀는 월요일에는 영어 시험이 있다. 과학은 화요일에 있다. 수학은 수요일에 있다. 그리고 역사는 목요일에 있다. 그러고 나서는 여름방학이다. Ray는 다음주가 기대된다.

Q. Ray는 언제 과학시험이 있는가?

(A) 월요일에

(B) 화요일에

(C) 목요일에

풀이 Ray의 기말고사가 이번주라고 설명하며 과학 시험은 화요일에 있다고 했으므로 (B)가 정답입니다.

정답 (B)

Words and Phrases final exam 기말고사 | week 주 | Monday 월요일 | Tuesday 화요일 | science 과학 | math 수학 | history 역사| Wednesday 수요일 | Thursday 목요일 | vacation 휴가, 방학 | can't wait ~ ~를 기대하다

4. Boy:

Billy goes to a summer camp. They watch birds in the morning. In the afternoon, they play games. And in the evening they cook together.

Q. When does Billy watch birds?

(A) in the morning

(B) in the afternoon

(C) in the evening

해석 소년:

Billy는 여름 캠프에 간다. 그들은 아침에 새를 관찰한다. 오후에는, 그들은 게임을 한다. 그리고 저녁에는 그들은 함께 요리를 한다.

Q. Billy는 언제 새들을 관찰하는가?

(A) 아침에

(B) 오후에

(C) 저녁에

풀이 Billy는 캠프에서 아침에 새를 관찰한다고 했으므로 (A)가 정답이다.

정답 (A)

Words and Phrases summer 여름 | watch 보다, 관찰하다 | morning 아침 | bird 새 | afternoon 오후 | evening 저녁 | cook 요리하다 | together 함께, 같이

유형 C-2:4 – 이야기 듣고 질문에 답하기: 묘사문 (p.150)

1. Boy:

Ms. Wilson has a flower shop. She sells beautiful flowers like roses, lilies and tulips. The most popular flower is the roses, but Ms. Wilson likes tulips the most.

Q. What is Ms. Wilson's favorite flower?

(A) lily

(B) tulip

(C) rose

해석 소년:

Wilson씨는 꽃 가게를 한다. 그녀는 장미, 백합, 튤립과 같은 아름다운 꽃들을 판다. 가장 인기 있는 꽃은 장미이지만, Wilson씨는 튤립을 제일 좋아한다.

Q. Wilson씨가 가장 좋아하는 꽃은 무엇인가?

(A) 백합

(B) 튤립

(C) 장미

풀이 질문에서 Wilson씨가 가장 좋아하는 꽃을 묻고 있습니다. 맨 마지막 문장에서 'Ms. Wilson likes tulips the most(Wilson씨는 튤립을 제일 좋아한다)'고 했으므로 정답은 (B)입니다.

정답 (B)

Words and Phrases flower shop 꽃 가게 | rose 장미 | lily 백합 | tulip 튤립 | popular 인기 있는 | the most 가장 ~한

2. Girl:

There are many interesting things in my grandmother's attic. I love to look at the old albums. My father and uncle are still babies in the photo. I love spending time in the attic.

Q: What does the girl find in the attic?

(A) babies

(B) albums

(C) clothes

해석 소녀:

나의 할머니의 다락방에는 많은 흥미로운 것들이 있다. 나는 오래된 앨범들을 보는 것을 아주 좋아한다. 나의 아빠와 삼촌은 사진에서 아직 아기들이다. 나는 다락방에서 시간을

보내는 것이 좋다.

Q. 소녀는 다락방에서 무엇을 찾는가?

(A) 아기들

(B) 앨범들

(C) 옷들

풀이 지문에서 소녀는 할머니의 다락방에서 오래된 앨범들을 보고 있으므로 정답은 (B)입니다

정답 (B)

Words and Phrases interesting 흥미로운 | album 앨범 | grandmother 할머니 | attic 다락 | uncle 삼촌 | photo 사진 | spend (시간을)보내다

3. Boy:

Daniel is my best friend. Daniel is thin and tall. We play basketball every weekend. He is funny. So I like him.

Q. Why does the boy like Daniel?

(A) He is tall.

(B) He is thin.

(C) He is funny.

해석 소년:

Daniel은 나의 가장 친한 친구이다. Daniel은 마르고 키가 크다. 우리는 주말마다 농구를 한다. 그는 재미있다. 그래서 나는 그를 좋아한다.

Q. 소년은 왜 Daniel을 좋아하는가?

(A) 그는 키가 크다.

(B) 그는 말랐다.

(C) 그는 재미있다.

풀이 질문은 소년이 왜 Daniel을 좋아하는지 묻고 있습니다. 지문에서 소년은 그의 친구가 재미있기 때문에 좋아한다고 말했으므로 (C)가 정답입니다

정답 (C)

Words and Phrases thin 얇은,가는; 마른,여윈 | tall 키가 큰, 높은 | together 함께, 같이 | funny 우스운, 웃기는; 재미있는

4. Girl:

I have a new diary. It has a green cover, my favorite color. It comes with a yellow pen. And it has a lock, too.

Q. What is the girl's favorite color?

(A) red

(B) green

(C) yellow

해석 소녀:

나는 새 일기장이 있다. 그것은 내가 가장 좋아하는 색인 초록색 표지를 가지고 있다. 그것은 노란색 펜과 함께 온다. 그리고 자물쇠도 있다.

Q. 소녀가 가장 좋아하는 색은 무엇인가?

(A) 빨간색

(B) 초록색

(C) 노란색

풀이 지문에서 소녀는 새 일기장이 가장 좋아하는 색인 초록색 표지라고 하였으므로 (B)가 정답이다

정답 (B)

Words and Phrases diary 일기(장) | cover 표지 | favorite 가장 좋아하는 | yellow 노란색(의) | lock 자물쇠

memo

memo

국제토셀위원회

TOSEL 유형분석집

STARTER

Section I.
Listening & Speaking